Manoel Severino

DITADURA E TRANSIÇÃO PROGRAMÁTICA:
A Tutela Multinível e a Judicialização dos Crimes da Ditadura

Manoel Severino Moraes de Almeida

DITADURA E TRANSIÇÃO PROGRAMÁTICA:
A Tutela Multinível e a Judicialização dos Crimes da Ditadura

Rio de Janeiro

2024

Dados Internacionais de Catalogação na Publicação (CIP)
(Câmara Brasileira do Livro, SP, Brasil)

```
Almeida, Manoel Severino Moraes de
    Ditadura e transição programática : a tutela
multinível e a judicialização dos crimes da
ditadura / Manoel Severino Moraes de Almeida. --
1. ed. -- Rio de Janeiro : Instituto Interamericano :
Núcleo Interamericano de Direitos Humanos, 2024.

    Bibliografia.
    ISBN 978-65-83301-00-0

    1. Crime político - Brasil 2. Corte Interamericana
de Direitos Humanos - Jurisprudência 3. Direitos
humanos (Direito internacional público) 4. Ditadura
militar 5. Ditadura - Brasil - História - 1964-1985
6. Justiça de transição - Brasil 7. Perseguição
política I. Título.

24-227991                          CDU-340.114(81)
```

Índices para catálogo sistemático:

1. Brasil : Justiça de transição : Direito
   340.114(81)

Aline Graziele Benitez - Bibliotecária - CRB-1/3129

PREFÁCIO

POR UMA DEMOCRACIA INABALÁVEL

É com profunda honra e alegria que aceitei o convite para prefaciar o presente livro, fruto da tese do Professor Manoel Severino Moraes de Almeida, defendida no Programa de Pós-Graduação da Universidade Católica de Pernambuco (PPGD - UNICAP), sob a orientação do talentoso professor e amigo Gustavo Ferreira Santos.

Em primeiro lugar, é uma honra porque Manoel possui uma vida dedicada à construção do conhecimento crítico e a intervenções políticas e institucionais em prol de mais direitos para mais humanos no Brasil. Seu inabalável compromisso com a proteção e promoção dos direitos pode ser atestado pelo belo trabalho realizado na Cátedra UNESCO/UNICAP de Direitos Humanos Dom Helder Câmara, bem como por sua dedicação à Comissão de Anistia do Ministério dos Direitos Humanos. Sua liderança no Grupo de Trabalho para a Construção do Memorial da Democracia Fernando de Vasconcellos Coelho em Pernambuco é um indiscutível exemplo da importância de preservar a memória coletiva, que deve qualificar uma educação democrática e transformadora.

Em segundo lugar, é uma alegria aprender, ler e refletir sobre a obra e a vida de Manoel. Sua criativa e potente contribuição para a justiça de transição no Brasil ativa em mim o chamado por uma educação transformadora, a partir de duas reflexões dos meus pedagogos favoritos: o também pernambucano Paulo Freire e o baiano Anísio Teixeira.

V

Paulo Freire afirmava, em seu livro *A Pedagogia da Pergunta*, que a pergunta precisa ser viva. Ao contrário do que setores retrógrados tentam fazer parecer, debochando dos mortos pela Ditadura Militar brasileira, o que pude observar foi uma luta viva na construção e gestão do Memorial da Democracia em Recife, um problema de investigação também vivo, que se eleva em palavras neste livro. O problema de investigação presente sobre a efetividade da justiça de transição da ditadura para a democracia, investigado à luz de casos concretos do sistema interamericano, transcende, portanto, os muros da prestigiada Universidade Católica de Pernambuco. Escolher essa pergunta viva tornou a tese e a vida de Manoel uma ponte para superar o que Freire chamava de basismo e elitismo. A base pode muito, mas deve dialogar com o saber das universidades. A elite pode muito, mas deve estar comprometida com a produção de um conhecimento voltado para a emancipação coletiva.

Anísio Teixeira, por sua vez, rejeitava uma educação universitária que fosse meramente livresca e ornamental. Ele idealizou um processo de qualificação da universidade a partir do que se tornou a CAPES, Coordenação de Aperfeiçoamento de Pessoal de Nível Superior, do Ministério da Educação. Anísio entendia que a pesquisa é fundamental para o desenvolvimento do país, especialmente a pesquisa que sirva a uma intervenção na cultura, considerando a educação um direito para participar de um Estado e de sociedades democráticas. A tese de Manoel é isso: uma intervenção cirúrgica e precisa em uma cultura cujas malezas de uma transição insuficientemente democrática mantêm entulhos autoritários nas instituições, cujos refluxos são vistos tanto em episódios cotidianos de violência policial quanto em dias tenebrosos, como o 8 de janeiro de 2023, quando bolsonaristas tentaram, felizmente sem sucesso, um golpe de Estado.

A hipótese de pesquisa que fundamenta e alicerça a tese possui uma proposição profundamente criativa e, de fato, original, como se espera no âmbito de uma tese de doutorado. Sabemos, contudo, que nem sempre as teses de doutorado cumprem esse requisito da inovação. Definitivamente, não é o caso da presente investigação. Vale repetir: a tese é, de fato, original. E muito. A sua originalidade, em minha opinião, reside tanto na parte teórica, quanto na parte empírica.

De um lado, em relação à primeira parte mais teórica, Manoel produz uma categoria inovadora denominada "justiça de transição programática". Desconheço uma teoria com terminologia e substância análogas na literatura especializada de autores como Rute Teitel, Jon Elster, Jean Patrice McSherry, Tarso Genro, Paulo Abrão, Carol Proner, Marcelo Torelly, Emílio Peluso Meyer e tantos outros que contribuíram academicamente, com viés prático, para o tema da justiça de transição. Há, de fato, uma cultura de resistência à justiça de transição e à democracia, com muitos atores políticos ainda imbuídos da defesa do autoritarismo, da autocracia e do atraso.

É essencial, portanto, pensar a justiça de transição em diálogo com a tradição de classificação das normas constitucionais, e entender que todas elas devem ser efetivas. Isso significa conceber que a justiça de transição deve ser para valer. Não podem existir normas constitucionais vazias, incluindo também as normas de direitos humanos, como a Convenção Americana sobre Direitos Humanos e sua interpretação oficial pela Corte Interamericana de Direitos Humanos. Não é possível implementar um Estado Constitucional, Interamericano e Democrático de Direito sem respeito à memória daqueles que lutaram por sua construção e à verdade a respeito dos acontecimentos históricos.

Nesse sentido, as recentes sentenças da Corte IDH em casos emblemáticos como o de Júlia Gomes Lund e outros envolvendo os crimes contra a guerrilha do Araguaia cometidos pelo Estado brasileiro, bem como o caso de Vladimir Herzog, que foi "suicidado" e torturado nas dependências do DOI-CODI durante a Ditadura Militar brasileira, são representativas do atraso persistente da política pública brasileira em produzir e efetivar a justiça de transição. Note-se que o primeiro caso da Corte IDH é de 2010 e o segundo de 2018. Existe até os dias de hoje uma resistência imensa em realizar o controle de convencionalidade em suas múltiplas dimensões, tanto no que diz respeito às leis que impedem o processo de investigação e julgamento dos responsáveis, quanto na dimensão construtiva de políticas de difusão de um direito fundamental à informação verdadeira sobre o que aconteceu, que integra o cerne da liberdade de expressão social, positivada na CADH e reconhecida pela Corte IDH.

Por outro lado, a sistematização e elaboração das análises de julgados realizadas pelo Professor Manoel Moraes comprovam que sua tese está correta e é necessária para demonstrar que ela é real e que, ainda hoje, se faz necessário superar o caráter programático da justiça de transição, o que implica a superação de uma legalidade autoritária para uma ordem constitucional multinível no sistema de justiça brasileiro.

A tarefa proposta, desse modo, relaciona-se à capacidade de articular teoria e empiria para desencadear uma prática política e institucional transformadora a partir dos processos de responsabilização dos ex-agentes da ditadura civil-militar na esfera jurídico-criminal, uma vez que esses crimes, como as torturas, são cruéis e imprescritíveis, violando normas imperativas de direito internacional (jus cogens) e constituindo crimes de lesa humanidade. A impunidade seletiva e persistente atenta contra a construção de um Estado que preserve um patamar civilizatório mínimo exigido de todos os Estados pelos tratados, costumes e princípios da sociedade internacional após a Segunda Guerra Mundial, para evitar a repetição do holocausto.

Por fim, de um ponto de vista mais linear, é possível traçar um breve roteiro para a leitura dos capítulos do livro, que possui quatro eixos principais: (i) histórico e teórico; (ii) metodológico; (iii) decisões do Sistema Interamericano; e (iv) decisões que efetivam a responsabilização no plano interno.

Quanto ao eixo histórico e teórico, a introdução e o capítulo 2 abordam a Justiça de Transição Programática no Brasil, explorando seus aspectos históricos e teóricos desde a Ditadura civil-militar de 1964 até as atuais implicações no campo dos direitos humanos. Discute o contexto histórico do golpe de 1964, as origens do conceito de Justiça de Transição e a aplicação da Lei de Anistia nº 6.683 de 1979, incluindo sua constitucionalidade e a criação da Comissão Nacional da Verdade. Também se analisa o Plano Nacional de Direitos Humanos e a atuação do Grupo de Trabalho Justiça de Transição no Ministério Público Federal.

Quanto ao eixo metodológico, o capítulo 3 apresenta seu marco e justifica as escolhas, desafios e premissas da pesquisa, além das considerações éticas e das fontes de evidência utilizadas.

No eixo das decisões do constitucionalismo multinível, o quarto capítulo destaca os crimes contra a humanidade no direito internacional, suas características e a imprescritibilidade, especialmente no contexto do desaparecimento forçado. No quinto capítulo, são examinadas decisões da Corte Interamericana de Direitos Humanos relativas ao Brasil, destacando casos emblemáticos como os de Júlia Gomes Lund e Wladimir Herzog, além de discutir a arguição direta de preceito fundamental e resoluções do CNJ. No sexto capítulo, é introduzido o conceito de constitucionalismo transicional, sua dimensão programática e a teoria do duplo controle, essencial para a tutela multinível dos direitos humanos.

Quanto ao eixo das decisões nacionais, vale registrar que, no sétimo capítulo, são analisadas decisões judiciais que efetivam a responsabilização por violações de direitos humanos, abordando casos específicos que refletem a transição programática. Nesse ponto, é importante destacar a valiosa análise qualitativa das decisões judiciais, apresentada no oitavo capítulo, que identifica a relevância do acervo probatório e discute a Lei de Anistia sob a ótica da Constituição de 1967 e da imprescritibilidade dos crimes contra a humanidade. Casos do STJ e do TRF, como Inez Etiene (Casa da Morte), Edgard Aquino Duarte, Manuel Lisboa e o Povo Krenak projetam luz sobre o debate para além da abordagem tradicional que geralmente se limita aos casos do STF e da Corte IDH.

Por fim, o livro é valioso para Professores, para a Pesquisa e para a Política. Para os Professores, ele constitui um belo exemplo do melhor que o ambiente universitário pode forjar em termos de profissionalismo e humanidade. Para a Pesquisa, o livro é um magnífico exemplo do potencial de um estudo de casos que não se limita a um caráter descritivo, mas adota uma perspectiva crítica e transformadora. Para a Política, ensina o respeito à memória e a gratidão àqueles que lutaram para que possamos conviver em um Estado cada vez mais democrático, mesmo que ainda insuficiente. O livro ensina que a democracia é um projeto e um processo que precisa ser reafirmado cotidianamente. Não pode ser uma promessa constitucional e convencional inconsequente. Não pode continuar sendo esvaziada por injustiças de transição ou por justiça de transição programáticas. Para vivermos e convivermos em uma sociedade e Estado democrático e interamericano de direito, é necessário o respeito aos direitos humanos fundamentais de todos e todas.

E para encerrar esse prefácio, convido à leitura e a que deixemos de empregar, academicamente, a preguiça como método de trabalho, parafraseando Mario Quintana. O poeta dizia que por preguiça de andar, o homem inventou a roda. Não se pode nunca por preguiça de fazer política apenas escrever teses, ainda que elas sejam importantes. É preciso escrever e reescrever também as pessoas e as instituições. Afinal, não se quer uma justiça de transição para as democracias morram em seguida. Queremos uma justiça de transição para que as pessoas vivam conosco, amem, sejam insubstituíveis e construam ambientes e experiências inesquecíveis de amor e de paz. Não basta, para isso, uma justiça de transição maquiada de verde e amarelo em uma esperança de democracia nunca concretizada para valer.

É preciso que, apesar das incompletudes da justiça de transição e das nossas limitações, que trabalhemos para criar e preservar o valor dos direitos à vida, liberdade e igualdade. Uma justiça de transição, como proposta aqui, não quer brigar com o mundo em uma luta infindável. Ao contrário, quer demonstrar que o amor existe, que a democracia importa

X

e o direito é essencial. Uma justiça de transição que não seja programática, sabe, que, apesar das violações e desrespeitos que persistem até hoje, ainda parafraseando o poeta, "ainda que haja tempestade no verão, a primavera virá", assim como depois do 08 de janeiro de 2023, vem uma democracia cada vez mais inabalável.

Rio de Janeiro, 22 de setembro de 2024,

SIDDHARTA LEGALE

PROFESSOR DE DIREITO CONSTITUCIONAL DA UFRJ. COORDENADOR DO NÚCLEO INTERAMERICANO DE DIREITOS HUMANOS. ADVOGADO. Contato: siddhartalegale@hotmail.com. Instagram: @siddhartalegale

SUMÁRIO

INTRODUÇÃO

O processo transicional no mundo reside na caracterização de uma estabilização das experiências normativas do pós-conflito, fortalecido sua influência doutrinária na resolução de conflitos em tempos de paz, erosão da democracia, guerras locais, e conflitos prolongados. Os organismos internacionais, criados para dar seguimento e pugnar pela não repetição, constroem um conjunto de jurisprudências que elevam o compromisso dos Estados com o constitucionalismo, na dimensão de defesa da democracia e das instituições subnacionais.

Destaca-se neste sentido, o fortalecimento da importância da participação política e espaços de *accountability* das políticas de memória e não repetição. Bem como, a criação de instituições nacionais[1] capazes de fazer frente ao desafio da judicialização das graves violações de direitos humanos com independência, autonomia e poder de ação.

A justiça de transição torna-se, nesta medida, um campo interdisciplinar de pesquisas e fonte para estudos comparados de políticas públicas de cada país, ou de um conjunto continental, de estudos jurídicos acerca da efetivação de acordos e tratados de direitos humanos, bem como o tratamento dado pelas cortes, nacionais e internacionais em seu dever ser de jurisdição constitucional e do controle de convencionalidade[2] dos tratados e compromissos assumidos pelos países diante do caráter principiológico da defesa da dignidade humana.

No âmbito da área de conhecimento, os estudos transicionais na história, nas ciências sociais, na antropologia e no direito constitucional

---

[1] Instituições Nacionais são As Instituições Nacionais de Direitos Humanos (INDH) são organismos estatais criados por um mandato constitucional ou legislativo para promover e proteger os direitos humanos.

[2] Trata-se da teoria do duplo controle. Consiste no em exigir que toda norma interna ou ato normativo seja confrontado não só ao teor da jurisprudência do Supremo Tribunal Federal como também ao teor da jurisprudência interamericana.

nutrem expectativas de produção científica e teorias que ajudem a compreender padrões de transições no mundo e a construção de novos conceitos diante do reconhecimento do dinamismo pelo qual os fenômenos transicionais escalam para dar conta do desafio do mundo da vida.

Nos últimos 10 anos, várias pesquisas têm discutido a contribuição efetiva da abertura dos arquivos da ditadura e da criação das Comissões da Verdade no Brasil, mesmo décadas depois dos acontecimentos, considerando que adotamos um modelo de transição prolongada, como categoriza Jon Elster[3].

Por implicação, recusar-se a negociar pode prolongar a guerra. A analogia é imperfeita, pois na Segunda Guerra Mundial os Aliados excluíram uma paz negociada. O que é comum aos dois casos é que a antecipação de uma justiça dura após a transição pode retardar a transição ao endurecer a vontade de resistir dos líderes ditatoriais [...] (ELSTER, 2004, p. 93, tradução nossa).

O caso brasileiro pode ser identificado como uma transição prolongada, mas lanço nesta pesquisa os fundamentos para a construção do conceito de transição programática, ao considerar o caráter substancial dos direitos e garantias fundamentais inseridos como direito constitucional, que assegura os princípios transicionais também como norma equiparada a norma constitucional, portanto, assegura, na ordem jurídica democrática, sua radicalidade em defesa da dignidade da pessoa humana.

René Armand Dreifuss (1981), em relação ao caso brasileiro, descreve o cenário em *1964: a conquista do Estado, a ação política, o poder e o golpe de classe*: o golpe como movimento civil-militar, ou seja, como uma construção empresarial (com apoio de multinacionais) e dos militares,

---

[3] "By implication, refusing to deal might prolong the war. The analogy is imperfect, since in World War II the Allies excluded a negotiated peace. What is common to the two cases is that anticipation of harsh justice after the transition can delay the transition by stiffening the will to resist of dictatorial leaders [...]".

cujos impactos ainda são sentidos na ausência da responsabilização dos ex-agentes do Estado que praticaram crimes contra a população civil.

As decisões judiciais que formam o *corpus* da tese foram motivadas pelo Ministério Público Federal (MPF), através do trabalho do Grupo de Trabalho Justiça de Transição[4]. Estas decisões não colidem com a Lei de Anistia no Brasil[5], como também com a construção de uma teoria transicional, que procuro definir como programática.

Trata-se de uma pesquisa qualitativa sobre as ações judiciais relacionadas à responsabilização judicial dos agentes da ditadura militar nos tribunais nacionais da Justiça Federal, estas decisões enfrentam a impunidade, que pautou o modelo de transição constitucional do regime ditatorial para a democracia no Brasil, mas ainda timidamente diante dos avanços que outros países no mundo alcançaram, inclusive nações vizinhas na América Latina. É relevante destacar que a ideia de uma justiça de transição significa aplicar quatro pilares para a não repetição, o primeiro é a *reconciliação*, através da reparação das vítimas e seus familiares, uma segunda preocupação faz surgir a *preservação da memória,* através de mecanismos administrativos como Comissões da Verdade, que apontam a necessidade de recomendar a *reforma das instituições*, transformações legais e constitucionais que garantam em sintonia com as demais medidas a *responsabilização dos agentes* que por ventura tenham praticado crimes de lesa humanidade.

A pesquisa também identificou o legado jurídico da CNV, que contou com a colaboração de Comissões da Verdade nos Estados, o recorte temporal foi entre os anos de 2014-2022, todas as sentenças da Justiça Federal foram analisadas à luz do método de análise das decisões.

---

[4] Grupo de Trabalho Justiça de Transição do Ministério Público Federal - em março de 2012, por orientação da 2ª Câmara de Coordenação e Revisão do MPF, o Grupo de Trabalho (GT) 'Justiça de Transição'. O grupo tem como objetivo promover a investigação e persecução penal das graves violações de direitos humanos cometidas durante a ditadura militar no Brasil (BRASIL, 2013).
[5] Lei n° 6.683, sancionada pelo presidente João Batista Figueiredo em 28 de agosto de 1979. Que será analisada ao longo da tese.

Chegou-se ao total de cinco sentenças que foram fundamentadas para entender a responsabilização dos agentes da ditadura militar diante das duas condenações na Corte Interamericana de Direitos Humanos contra o Brasil: a primeira, o caso dos desaparecidos da Guerrilha do Araguaia em 2010, e a condenação sobre o caso Vladimir Herzog, em 2018. O diagnóstico destas sentenças internacionais aponta para o descumprimento pelo judiciário nacional da jurisprudência da Corte Interamericana, "Como o parâmetro para a realização do controle de convencionalidade é a norma interamericana interpretada, as autoridades internas devem conhecer a jurisprudência da Corte Interamericana e basear suas decisões na interpretação realizada pelo tribunal regional [...]" (PIOVESAN, 2021, p. 255).

O *parquet*[6] federal brasileiro é, constitucionalmente, o defensor dos direitos coletivos e dos direitos humanos, e, ingressou com mais de 50 ações, nos anos de 2014 até 2021. Para este período, foi possível identificar as teses que fundamentaram suas petições iniciais e foram vitoriosas pela primeira vez no judiciário federal.

A justiça brasileira já reconheceu a multidimensionalidade, ou seja, que os direitos humanos são indivisíveis em suas garantias, mas é fundamental o caráter multinível (em diferentes níveis do judiciário brasileiro) que decidam conforme a os sistemas de tratados que o Brasil é parte, reafirmou princípios firmados na Declaração Universal de Direitos Humanos. No âmbito internacional, já se consagrou na jurisprudência da Corte Interamericana uma compreensão de que os princípios dos Direitos Humanos, Econômicos, Sociais, Culturais e Ambientais (DHESCAs), nela contidos, devem ser implementadas de forma programática, ou seja, os direitos humanos são parte integrante dos direitos e garantias fundamentais como preceitua a Constituição de 1988 d. O desafio em atender a população acerca desses direitos é

---

[6] A palavra 'parquet' tem sua etimologia encontrada na França e está relacionada ao local em que os membros do Ministério Público situam-se no exercício de suas funções, para o Direito brasileiro, a palavra é utilizada como um sinônimo de Ministério Público e de seus membros (PARQUET, 2018).

enorme, uma das tentativas foi com um planejamento e gestão de políticas públicas através dos Planos Nacionais de Direitos Humanos. No Brasil, já foram editados três planos, o último foi o PNDHIII (BRASIL, 2009b), tendo como ponto de partida, a construção de uma concepção multilateral do direito internacional de sua aplicação *jus cogens* na proteção da dignidade da pessoa humana, com base no princípio da eficácia imediata e independe de leis internas ou dos processos de ratificação.

A hipótese em curso na pesquisa surgiu da análise das ações, já referidas, delineando as graves violações de direitos humanos a que foram submetidos os povos indígenas[7], presos políticos, movimentos sociais do campo e da cidade, além da ocorrência de fraudes processuais e documentais. O reconhecimento, pela Corte Interamericana, de que o Brasil praticou crimes de *lesa humanidade*, é ainda, uma lacuna, pois a regra tem sido a impunidade, e sem a devida responsabilização da pela justiça, o país tornou-se o único na América Latina que não efetivou de forma plena a responsabilização judicial dos seus agentes torturadores. Procuro demonstrar a natureza programática da justiça de transição como conceito que visa explicar a equiparação dos direitos e garantias fundamentais ao direito ratificados em tratados de direitos humanos, de que o Brasil faz parte. Considera-se também que, nos casos estudados, superou-se o paradigma westfaliano, de proteção absoluta ao direito interno, refratário a uma ordem jurídica internacional, por um direito dos povos, mais abrangente e aberto ao sistema de tratados de que o Brasil faz parte. As sentenças em tela recepcionaram fundamentos necessários para a condenação de ex-agentes e órgãos públicos, através do reconhecimento, pelo direito interno, do controle de convencionalidade da Lei de Anistia, ou seja, sua incompatibilidade com a Convenção Americana de Direitos Humanos e, portanto, esta incompatibilidade cria

---

[7] Os povos indígenas foram amplamente atingidos na Ditadura Militar, mas foram revelados documentos inéditos como o Relatório Figueiredo através das pesquisas da CNV. Abrindo caminho para uma nova escrita dos crimes de lesa humanidade praticados na ditadura militar.

no direito interno a obrigação de superar os entraves alegados a constitucionalidade da Lei da Anistia (BRASIL, 1979).

A sistematização desses julgados indica que seus fundamentos jurídicos demonstram o caráter programático da justiça de transição, que implicou no sistema de justiça brasileiro a superação de uma legalidade autoritária para uma ordem constitucional multinível. O caráter multinível representa o dever de obedecer, na esfera subnacional, o controle de convencionalidade (difuso e concentrado), seja por um juiz ou tribunal, esta regra passou a ser recepcionada dogmaticamente pelo judiciário recentemente, bem como por força das condenações do Brasil na Corte Interamericana, como pela contribuição dos informes da CNV.

O compromisso de demonstrar a justiça de transição programática no caso brasileiro, no campo do judiciário, levou este estudo a três caminhos de construção analítica:

a) um modelo teórico baseado na metodologia da tutela multinível dos direitos humanos, ou seja, das obrigações internacionais através de padrões subnacionais de seu cumprimento (juízes e tribunais);

b) uma revisão da literatura especializada, para construção de uma cartografia das racionalidades que dão sustentação ao conceito de justiça transicional programática;

c) a identificação de decisões condenatórias e de recursos que formam precedentes que dialoguem com o constitucionalismo transicional.

A tarefa de propor uma teoria transicional programática está relacionada à capacidade de articular os elementos teóricos com os julgados, identificando novos contornos do processo de responsabilização dos ex-agentes da ditadura civil-militar na esfera jurídico-criminal, por crimes cruéis e imprescritíveis de torturas; tratamentos desumanos; sevícias, entre outros, que representam um constante e permanente crime contra a dignidade da pessoa humana e,

20

portanto, crime de lesa humanidade, pelo fato de atentar contra o patamar mínimo, civilizatório que os Estados estão obrigados a assegurar, internacionalmente, através dos organismos criados pós segunda guerra mundial para evitar a repetição do holocausto.

Em uma retrospectiva histórica, os primeiros fundamentos da teoria da proteção constitucional multinível de direitos humanos desenvolveram-se na Europa, com a criação da União Europeia (1993) e a necessidade de respeito aos subsistemas jurídicos constitucionais. Os avanços multilaterais, como a criação da moeda unificada, e de tratados que passaram a orientar aspectos econômicos, jurídicos e sociais, ampliaram os horizontes metodológicos do papel dos subsistemas constitucionais.

No segundo capítulo, a teoria da Justiça de Transição é dissecada através da leitura dos clássicos a da relevância de seus estudos para contextualizar aspectos teóricos do caso brasileiro, seus limites, e suas características, dando relevância aos aspectos jurídicos do direito interno e internacional.

No capítulo terceiro, apresento a metodologia aplicada na presente pesquisa, apontando os modelos teóricos a serem aplicados no *corpus* das sentenças estudadas. Discute-se os elementos da hipótese e consolidam-se os aspectos específicos e de juridicidade nesta fronteira do processo transicional brasileiro.

O conceito de crimes contra a humanidade no direito internacional e sua construção histórica jurídica são elementos que analiso no quarto capítulo. A tarefa é apresentar os elementos doutrinários necessários para decompor o quadro conceitual, para a análise de conteúdo das sentenças selecionadas, conforme a metodologia.

A Jurisprudência da Corte Interamericana de Direitos Humanos sobre o Brasil, em seus julgados sobre justiça de transcrição, consolidou uma série de princípios em defesa da dignidade da pessoa humana, algo central no constitucionalismo multinível, que significa recepcionar através dos entes e da justiça subnacional os direitos e obrigações decorrentes dos tratados de direitos humanos, o que será objeto do quinto capítulo.

No capítulo sexto, o constitucionalismo e a justiça de transição programática são discutidos como dimensões necessárias para o aprofundamento do Estado Democrático e de Direito e do fortalecimento dos institutos jurídicos, como garantidores da democracia para este objetivo. A defesa das minorias e dos hipossuficientes perante a organização do Estado é princípio de uma orientação necessária para o desenvolvimento de políticas públicas. Também aprofundo a análise do controle de convencionalidade, que representa o confronto de leis internas com os compromissos assumidos pelos tratados de direitos humanos formando dessa forma uma teoria do duplo controle, ou seja, a legislação brasileira tem que ser constitucional e atentar aos compromissos convencionais que o país ratificou por livre e espontânea vontade.

No capítulo sétimo, temos uma contextualização dos casos que serão objetos das decisões analisadas, apresentando um conteúdo material das demandas, delineando o quadro de violações que motivaram a ação do Ministério Público Federal, para apresenta-las como representativas de outros casos de igual relevância.

No capítulo oitavo, apresento um cruzamento do estudo de todas as teses identificadas nas sentenças estudadas, através da sistematização desses fundamentos jurídicos, consignados em caráter definitivo e delineando uma teoria transicional programática do caso brasileiro, sedimentando a recepção dos fundamentos teóricos e metodológicos dos direitos humanos em diálogo com o constitucionalismo multinível.

CAPÍTULO 1 - JUSTIÇA DE TRANSIÇÃO PROGRAMÁTICA: ASPECTOS HISTÓRICOS E TEÓRICOS SOBRE O CASO BRASILEIRO

1.1 Aspectos históricos e regionais do golpe civil-militar de 1964

Nas eleições de 1955, foi eleito o presidente Juscelino Kubistchek (JK), candidato pelo Partido Socialista Brasileiro (PSD), mas amplamente apoiado pelo Partido Trabalhista Brasileiro (PTB). Acusado de ter apoio dos comunistas que estavam na ilegalidade, a União Democrática Nacional (UDN) questionou o resultado das eleições. A sua posse foi garantida por um levante militar liderado pelo ministro da Guerra, general Henrique Teixeira Lott que, em 11 de novembro de 1955, depôs o então presidente interino da República Carlos Luz.

Assumiu a presidência, após o golpe de 11 de novembro, o presidente do Senado Federal, Nereu Ramos, do mesmo partido de JK, o PSD. O presidente Nereu Ramos concluiu o mandato de Getúlio Vargas, que fora eleito para governar de 1951 a 1956. O Brasil permaneceu em estado de sítio até a posse de JK em 31 de janeiro de 1956.

Em seu governo, Juscelino transformou o país em um canteiro de obras, em seu conhecido 'Plano de Metas', cuja propaganda apresentava um planejamento de 50 anos executados em 5 anos. Naquela época, a Constituição determinava eleições em inscrições separadas para presidente e vice e foi eleito, para vice-presidente o ex-ministro do Trabalho de Getúlio Vargas, João Goulart (PAGE, 1972).

Joseph A. Page, em sua obra *A Revolução que nunca houve o Nordeste do Brasil 1955-1964*, descreve Kubistchek como um 'executivo extraordinário', que gostava de grandes projetos e empreendimentos, conseguiu arregimentar, através de grupos de trabalho, intelectuais, profissionais liberais e técnicos capacitados para construir seu programa de governo. Foi através de seu governo, no início de 1959, e dos conselhos de Celso Furtado, que nasceu a Superintendência do Desenvolvimento do Nordeste (SUDENE), resultado de uma estratégia para a Região Nordeste que consistia em investimento em industrialização e colonização das fronteiras agrícolas, capacitação técnica para os agricultores da zona da mata e irrigação (PAGE, 1972, p. 82).

Nas eleições presidenciais de 1960, é eleito Jânio Quadros, o que representou um freio nas pretensões da SUDENE e de seu superintendente Celso Furtado. Mas com a renúncia de Quadros, seu vice-presidente, João Goulart assume a Presidência da República, com poderes reduzidos em função de uma Emenda à Constituição instaurando o parlamentarismo no Brasil.

Ao mesmo tempo, em Washington, o presidente John Kennedy, e sua visão sobre o Brasil resultaram em consequências desastrosas para a redemocratização brasileira. O historiador James N. Green, no livro *Apesar de Vocês: oposição à ditadura brasileira nos Estados Unidos, 1964-1985*, registra a síntese do diálogo do então ex-presidente Kubistchek e Kennedy na Casa Branca, neste diálogo, datado de 15 de setembro de 1961, JK mostrou-se preocupado com uma possível crise política pela desconfiança em Goulart. Entre outros pontos, procurou desfazer qualquer desconfiança de uma ameaça comunista no Brasil. Defendeu que "[...] o Brasil continuaria a ser um país verdadeiramente democrático [...] A viabilidade desse projeto estava na defesa de um programa de desenvolvimento para o continente, patrocinado pelos Estados Unidos, com o nome de Operação Pan-americana [...]" (GREEN, 2009, p. 59).

O programa teria grande impacto no Brasil, principalmente no Nordeste. Foram construídos postos de saúde, e realizados investimentos em infraestrutura e na educação. Os dólares americanos representavam uma fonte de grande impacto no cenário econômico na região, a motivação era evitar que o Brasil estivesse sob a influência de comunistas e movimentos revolucionários como os que promoveram a Revolução Cubana (PAGE, 1972, p. 87).

O imaginário norte-americano foi influenciado pelos artigos publicados por Tad Szulk, correspondente, à época, do *New York Times* no Rio de Janeiro. Em 23 de outubro de 1960, surgiu um artigo alarmista, assinado por ele, intitulado *A pobreza do Nordeste do Brasil cria ameaça de revolta* [...]. Conforme destaca Green (2009, p. 1), o jornal publicou em primeira página: "Os ingredientes de uma situação revolucionária são cada vez mais visíveis em toda a vastidão do Nordeste brasileiro, afligida pela pobreza e desolada pela seca [...]".

> *O segundo artigo de Szulc, era ainda mais preocupante intitulado 'Marxistas organizam camponeses no Brasil', em seguida as reportagens sensacionalistas e altamente exageradas de Szulc, reiterava os argumentos do jornalista: a pobreza provocava movimentos de protestos que, por sua vez, levavam a infiltração e à influência comunista. O editorial era direto (GREEN, 2009, p. 55).*

Dessa forma, garantiu-se os recursos necessários para o programa 'Aliança para o Progresso' que defendia uma modernização conservadora para o Brasil, como forma de livrar o país da influência comunista. O governo dos EUA enviou milhares de americanos para o Brasil. E os recursos estavam assegurados para ações de impacto social como "[...] perfuração de poços artesianos, cacimbas, a construção, na zona açucareira, de tendas tipo Quoest, destinadas a servir como 'Centros de Trabalho da Aliança para o Progresso', para os serviços de educação e saúde, alfabetização e treinamento vocacional [...]", conforme registra Page (1972, p. 88).

Celso Furtado tinha outros planos para os recursos que viessem a ser aplicados no Nordeste. Para o superintendente do órgão, os recursos americanos deveriam seguir o plano diretor da SUDENE, e, portanto, auxiliar nos investimentos nacionais para enfrentamento das desigualdades regionais, do contrário, os recursos poderiam cair em mãos erradas e serem facilmente desviados de sua finalidade. No dia 13 de abril de 1962, João Goulart assinou, em Washington, o **Acordo do Nordeste**. Neste documento, estavam previstos investimentos à época de US$131 milhões, do governo americano para o Nordeste, considerando o prazo de dois anos (PAGE, 1972).

A materialização desses recursos, no pensamento norte-americano, era evitar o comunismo no Brasil, enquanto que o governo brasileiro insistia na ampliação das ações coordenadas pela SUDENE (PAGE, 1972).

Mas os planos americanos estavam longe de serem plenamente conhecidos pelo governo brasileiro. Os recursos da 'Aliança para o Progresso' logo foram canalizados para fortalecer opositores do presidente Goulart. E assim, planejava-se abertamente com os militares, apoio para uma ruptura, por total desconfiança em relação ao alinhamento ideológico do governo.

Um dos principais conspiradores no Brasil era justamente a figura do embaixador Gordon, que despachava documentos e informações para o assistente do Departamento de Estado para Assuntos Internacionais Richard Godwin e o presidente Kennedy. Entre suas teses, reveladas décadas depois, Gordon defendeu o fortalecimento dos militares. A ideia foi transparecer que não seriam contrários a qualquer intervenção militar, sem nenhuma restrição a uma ação de natureza armada ou institucional, o importante era combater o comunismo e afastar o perigo de um governo de esquerda no Brasil.

> *Numa reunião na Casa Branca em 30 de julho de 1962 [...] Gordon prosseguiu: 'Ele, Goulart, está entregando o diabo do país aos [...]'- novamente Kennedy completou a frase: 'comunistas'. Poucos instantes depois Godwin comentou: 'podemos muito bem desejar que eles (os militares brasileiros) tomem o poder no fim do ano, se puderem' [...] (GREEN, 2009, p. 61).*

O resultado desse diálogo pode ser constatado nas eleições de 1962, que foram marcadas por um grande derrame de recursos americanos, conforme apurado pela Comissão Estadual da Memória e

Verdade Dom Helder Camara de Pernambuco (CEMVDHC)[8], que teve acesso a documentos da Comissão Parlamentar de Inquérito (CPI) do Instituto Brasileiro de Ação Democrática (IBAD), doravante CPI do IBAD (BRASIL, 1963), organização fundada em maio de 1959, por Ivan Hasslocher, com o objetivo de combater a propagação do comunismo no Brasil. Financiado por contribuições de empresários brasileiros e estrangeiros, intensificou suas atividades em 1962, através da Ação Democrática Popular (ADEP), agindo no parlamento, chegou a contabilizar mais de 150 deputados em seus quadros e financiados com seus recursos. A outra entidade com perfil semelhante era o Instituto de Pesquisas e Estudos Sociais (IPES), fundado em 29 de novembro de 1961, por Antônio Gallotti, representante da Cia. Siderúrgica Belgo-Minera, entre outros.

A CPI do IBAD foi presidida por Ulysses Guimarães[9] e seu relator foi o deputado federal Pedro Aleixo (UDN)[10], que em seu relatório demonstrou como eram financiados o complexo IBAD, através de recursos estrangeiros e solicitando mais tempo para novas investigações. Durante seus trabalhos, o IBAD foi fechado por ato do presidente da república, Juscelino, em 20 de dezembro de 1963, diante da grande

---

[8]Comissão Estadual da Memória e Verdade Dom Helder Camara criada pela Lei Estadual nº 14.688, de 1º de junho de 2012, com o nome de Comissão Estadual foi uma homenagem à resistência democrática durante a ditadura, na figura do Arcebispo de Olinda e Recife Dom Helder Camara, cujo trabalho firme da Comissão Justiça e Paz foi âncora desta resistência em Pernambuco e no Brasil.

[9]Ulyses Guimarães foi Ministro da Indústria e Comércio no gabinete Tancredo Neves, na experiência curta do parlamentarismo brasileiro (1961-1962). Com a instauração do bipartidarismo (1965), filiou-se ao Movimento Democrático Brasileiro (MDB), do qual seria vice-presidente e, depois, presidente. Foi presidente do Parlamento Latino-Americano, de 1967 a 1970. Presidiu o MDB na redemocratização e foi o presidente da Assembleia Nacional Constituinte de (1987-1988).

[10]Aleixo era um jurista respeitado, professor e político de carreira, fundador e diretor do jornal Estado de Minas. Político Mineiro pertencia a ala dos liberais que apoiaram o golpe de 1964, mas mais tarde se afastaram. A CPI foi um dos mais importantes espaços políticos que ocupou, além de ter sido vice-presidente de Costa e Silva. Foi um dos fundadores e líderes da União Democrática Nacional (UDN), partido do governo militar. Seria também líder da Aliança Renovadora Nacional (Arena).

repercussão da CPI. O argumento central para o decreto foi de "[...] exercer atividade ilícita e contrária à segurança do Estado e da coletividade [...]", o IPES "[...] foi absolvido com base no fato de não haver sido realizada pelo Instituto nenhuma atividade incomum, que infringisse os seus objetivos publicamente declarados [...]" (DREIFUSS, 1981, p. 207).

A CPI foi encerrada diante do golpe civil-militar, uma vez que trazia a público vários indícios de corrupção da base de sustentação do golpe. O seu relatório final foi arquivado e suas recomendações não foram implementadas pelos governos seguintes (COELHO, 2012).

Em outras fontes históricas, é possível constatar o volume desses recursos e a estratégia do governo americano em dotar opositores com recursos necessários para fazer a propaganda anticomunista, financiando jornalistas, artistas e influenciadores, como por exemplo sacerdotes, para se opor aos candidatos de esquerda. James Green registrou a entrevista de Gordon, em março de 1977, nela Gordon afirmou que a estimativa de gestos do governo norte-americano foi de um montante de 5 milhões de dólares, gastos para apoiar candidatos de direita anti-Goulart. Em números atuais este volume pode chegar segundo Green a cifra de 33,7 milhões de hoje.

> *Gordon justificou o esforço, argumentando que não foi suficiente para afetar o resultado das eleições. 'Não tentarei negar que havia dinheiro americano. Se você analisar bem, não era muito por congressista. Basicamente, era dinheiro para pagar horário de rádio, para impressão de cartazes, esse tipo de coisa' [...] (GREEN, 2009, p. 62).*

O jornalista investigativo Élio Gaspari, em *A Ditadura Derrotada* (2014), afirma que o IBAD tenha derramado cerca de 20 milhões de dólares nesta campanha eleitoral de 1962. O autor também chama atenção para o apoio financeiro e político para ações de grupos clandestinos, como o Movimento Anti-Comunista (MAC).

Em Pernambuco, estes recursos tinham como alvo enfrentar o crescimento dos governos de esquerda do Recife, inaugurado com a vitória do engenheiro Pelópidas da Silveira, em 1955, quando da primeira eleição popular da prefeitura da capital do estado de Pernambuco. O resultado positivo se deu pela construção política da Frente do Recife, que reunia o PSB, partido do candidato e eleito prefeito, o PTB e o Partido Trabalhista Nacional (PTN), com o apoio dos comunistas (neste período em clandestinidade). Foi eleito com 81 mil votos (dois terços do eleitorado) contra Antônio Alves Pereira, candidato conservador do PRT, que recebeu 23 mil votos (19%).

O governo de Pelópidas priorizou as obras viárias, a instalação do ônibus elétrico e a higienização das feiras públicas. Também abriu as Audiências Públicas e estimulou a formação de associações de bairros. Entre outros projetos ousados, lançou, junto com intelectuais, o Movimento de Cultura Popular, desapropriando o Sítio Trindade, local do antigo Forte do Arraial do Bom Jesus, no Bairro de Casa Amarela, e em seu casarão iniciou um projeto de alfabetização popular baseado na defesa da cultura popular e na ocupação de praças e espaços públicos, com atividades teatrais que elevassem a consciência de classe dos trabalhadores e excluídos da sociedade.

Em 1958, Pelópidas foi candidato a vice-governador na chapa de Cid Sampaio, a coligação integrava a UDN/PSB/PTB/PSP/PTN. Mas a vitória de Cid Sampaio criou um problema na prefeitura do Recife, porque Pelópidas recusou-se a deixar o cargo de prefeito para assumir o de vice-governador, o que daria posse ao seu substituto e adversário, Vieira de Menezes. Um desgastante processo judicial, assegurou a Pelópidas a prefeitura, deixando-a em dezembro de 1959, mas somente após assegurar a eleição de seu sucessor, Miguel Arraes.

Em 1962, Miguel Arraes sagrou-se eleito governador de Pernambuco. Seu vice-governador foi Paulo Guerra, e os senadores José Ermírio de Moraes e Pessoa de Queiroz. Foi a última eleição antes da deposição do presidente João Goulart e instalação do Regime Militar de 1964.

O jurista e professor Fernando Vasconcellos Coelho, no seu livro *1964: golpe de Estado, Ditadura e Guerra Fria* (COELHO, 2010), demonstra que a dita 'revolução' pelos militares foi um Golpe de Estado como consequência da Guerra Fria no Continente. O seu argumento central para demonstrar sua hipótese é simples e empírica, não houve qualquer mudança social, econômica ou política que justificasse o termo, ao contrário, argumentou, a deposição de Goulart fortaleceu a dominação de classe e as classes dominadas ficaram sujeitas a viverem sem as garantias do Estado de Direito (COELHO, 2010).

Em sua compreensão do Golpe, Coelho ressalta que, como consequência direta no âmbito interno, a conspiração teve como objetivo deter o avanço das forças políticas populares e impedir as reformas que estavam em curso, ou seja, impedir a modernização que significava atender os reclames dos movimentos sociais e das classes menos abastadas da sociedade (COELHO, 2010).

Fernando Coelho, em *A OAB e o Regime Militar (1964-1986)*, registra a lenta mudança na luta institucional que foi sendo travada para que a entidade rompesse com o regime que apoiava e passasse a defender eleições diretas, a anistia e a convocação de uma nova constituição (COELHO, 1996). A virada de chave deu-se com o chamado 'pacote de abril', em 1977.

A medida fechou o Congresso Nacional, frustrando os 'acordos' de que tal medida não seria tomada. Ao contrário do prometido, cassaram mandatos de Governadores de inúmeros estados, além da perda sumária de mandatos de centenas de deputados e senadores. Suprimiu prerrogativas dos juízes, garroteando intencionalmente o STF:

> *O ano de 1977 assinala importantes acontecimentos políticos e o início de uma nova fase na resistência da OAB à ditadura. Decretado o recesso do Congresso Nacional pelo General Geisel, em 1º de abril, e outorgada a Emenda Constitucional nº 7, nos termos rejeitados pelo Legislativo e pela Ordem, o Conselho Federal – já presidido por Raymundo Faoro, que tomara posse naquela mesma data – aprova nota oficial repudiando a reforma do Judiciário imposta pelo Executivo, insistindo na revogação do AI-5 e considerando imprescindível ampla reformulação constitucional 'através de uma Assembleia Nacional Constituinte especialmente eleita pelo voto popular, direto e secreto' [...] (COELHO, 1996, p. 84).*

A OAB passou ao centro do palco político. Como muitas lideranças eram integrantes do MDB, a oposição da Ordem passou a ter um discurso mais sintonizado com a ala mais aguerrida (Ulysses Guimarães, Mario Covas, Fernando Henrique Cardoso, entre outros), na defesa da redemocratização, passando a organizar uma pauta que unifica os movimentos democráticos, como o reestabelecimento do 'habeas-corpus' em toda sua plenitude, inclusive para os acusados de crimes políticos, a revogação da Lei de Segurança Nacional e a restauração dos direitos e liberdades fundamentais (COELHO, 1996).

O nascimento dos Comitês Brasileiros pela Anistia, assim como a pressão cada vez maior pela opinião pública, criou as condições para a pavimentação de uma transição democrática.

O governo do ditador João Batista Figueredo aproveitou a ideia de uma 'reconciliação nacional' e apresentou o projeto que se tornou a Lei Federal nº 6.683, de 28 de agosto de 1979 (BRASIL, 1979), ainda sob o comando do regime militar. Através da Anistia foi possível garantir a volta dos exilados políticos ao Brasil e também foi possível iniciar, em alguns casos, a reintegração aos seus postos de trabalho como medida de reparação. Para as famílias dos desaparecidos políticos, a lei também permitiu a continuidade das suas buscas por informações sobre as circunstâncias de seus sequestros, assassinatos e locais onde estariam seus restos mortais.

Em relação às violações dos direitos humanos cometidos nesse período autoritário, durante anos, não se formou nenhuma coligação forte entre os partidos políticos e os grupos não governamentais, que conseguisse romper o legado de impunidade que a ditadura logrou com sua auto anistia, conforme descrito por Borges (2012). Nesse tipo de condução, a transição para democracia pode acontecer através de uma não ruptura definitiva com o regime opressor, que estrategicamente fornece um consentimento tácito.

A Anistia como foi implementada com os seus dilemas, incompletudes e desafios no âmbito da justiça é que será objeto dessa investigação, que pretende somar-se ao esforço teórico e metodológico sobre a justiça de transição no caso brasileiro.

1.2 Origens do Conceito de Justiça de Transição

A expressão *transitional justice* foi amplamente conhecida no mundo acadêmico pela repercussão dos três volumes da obra *Transitional Justice: how emerging democracies reckon with former regimes*, organizados por Neil Kritz, em 1995.

A coletânea de artigos continha três volumes, que abordam temas relevantes no contexto da justiça de transição, à época. Neil Kritz (1995) organizou da seguinte forma a publicação: no volume 1, *general considerations,* foram publicados artigos que interpretavam as transições à luz das opções de justiça, registrava o mecanismo das comissões da verdade, e formava uma primeira cartografia das sanções criminais e não-criminais nos diferentes países e opções jurídicas de cada regime, sempre identificando a responsabilidade de superiores e a cadeia de comando dos delitos de grave violações de direitos humanos, políticas públicas pela não repetição e a reparação e reabilitação das vítimas. Este primeiro volume apresenta trabalhos de autores da Ciência Política consagrados na discussão do tema das transições (O`Donnell, Schmitter, Huntington e Linz) e textos considerados fundantes do campo da justiça de transição, escritos por Zalaquett, Teitel, Neier, Malamud-Goti, Hayner, Orenticlher e Elster.

No volume 2, *countries studies,* (KRITZ, 1995) o contexto da queda do Muro de Berlin se impõe pela complexidade das transições dos países que formaram a ex-União Soviética e seu bloco de influência jurídica (Rússia, Lituânia), e do sul da Europa (Portugal, Espanha e Grécia), do Leste Europeu (Tchecoslováquia, Hungria, Bulgária, Albânia), da África (Uganda) e da América Latina (Argentina, Brasil, Chile e Uruguai) a partir da segunda metade do século XX. A transição Alemã, em uma peculiaridade por apresentar dois períodos históricos, como a transição pós a Segunda Guerra Mundial, conhecida por 'desnazificação', bem como a criação das políticas públicas em relação à reforma da educação e reparação das vítimas da guerra. E no período seguinte ao regime comunista com a unificação da Alemanha.

Por fim, o volume 3 é uma compilação da dogmática internacional sobre a Justiça de Transição, onde é possível acessar tratados, leis, regulamentos e decretos, cláusulas constitucionais, decisões oficiais, relatórios de comissões de inquérito oficiais de 28 países e organizações internacionais, que importavam nos estudos daquela quadra histórica.

Por outro lado, juridicamente, podemos afirmar que o conceito de 'justiça de transição', consolidou-se na década de 1980, na gramática dos direitos humanos e como conceito chave, e apresenta vários marcadores que definem sua aplicabilidade teórica e hermenêutica na passagem de regimes autoritários ou totalitários para sistemas que assimilam os valores democráticos (QUINALHA, 2013). A substância e o legado internacional se desenvolveram ao longo de décadas da existência de uma série de organismos e precedentes que envolvem desde tratados de direitos humanos a comissões da verdade.

A genealogia da Justiça de Transição - *Transitional Justice Genealogy*, é o título do artigo da professora Ruti Teitel, que criou o termo *transicional justice* (justiça de transição) em 2003. Em uma linha do tempo, relacionando os acontecimentos que marcam grandes etapas transicionais no mundo, é possível identificar um paralelo entre as sociedades e suas transições em um certo país estudado, restando reconhecer os limites políticos e os desafios de cada novo sistema jurídico que surge nesse processo histórico e político (TEITEL, 2011).

Em sua abordagem teórica, a história transicional é pedagogicamente dividida em três fases, que estão associadas ao desenvolvimento da pesquisa. As categorias jurídicas transicionais são marcadores de uma epistemologia deste ciclo da "politização do direito" (TEITEL, 2011, p. 136).

A primeira fase está associada aos crimes praticados nas duas Guerras Mundiais, principalmente após a Segunda Grande Guerra e a criação dos Tribunais de Nuremberg, que resultaram em importantes precedentes jurídicos.

A segunda fase insere-se na Guerra Fria, associada às ondas democráticas de transição no globo, principalmente pós queda do muro de Berlin. Está inserida no processo histórico de desintegração da União Soviética. O colapso do regime socialista levou à criação de vários países e processos de redemocratização em outros, que estavam submetidos a uma influência militar e estratégica geopolítica do bloco. Assim, países do Leste Europeu, África e América Central passaram a superar conflitos que antes eram alimentados pela Guerra Fria.

O termo "guerra fria" faz referência ao fato de surgirem pós Segunda Guerra Mundial dois blocos políticos e econômicos, em que os conflitos internacionais estavam submetidos ao alinhamento entre a ótica do liberalismo e a agenda social dos países de economia planificada. Mais de duas décadas depois da Declaração Universal dos Direitos Humanos de 1948, os organismos internacionais como a Organização das Nações Unidas – ONU incidiram para que a pauta dos direitos humanos tivesse espaço na "[...] justiça interna dos países e houvesse punição penal para os crimes contra a humanidade [...]" (TIETEL, 2011, p. 138).

A justiça de transição, nesta segunda fase, identifica o caráter mais 'sensível' em relação às vítimas dos processos antidemocráticos, haja vista a criação de dois mecanismos transicionais de altíssima relevância para o seu conceito geral, que são: "(i) as reparações, em escala, às vítimas e (ii) o estabelecimento de comissões da verdade [...]" como forma de prestação de contas desde uma perspectiva histórica (TORELLY, 2012, p. 110).

A terceira fase da genealogia de Teitel (2011) caracteriza-se pela estabilidade da justiça de transição com a criação do Tribunal Penal Internacional, no dia 1 de julho de 2002, em Roma, Itália, no âmbito internacional, e internamente, pelos países, de seus próprios mecanismos internos de resolução de conflitos, como o fortalecimento, na América Latina, do Ministério Público como garantidor dos direitos humanos,

Conselhos Nacionais de Direitos Humanos e Comissões de Direitos Humanos no Legislativo Federal, Estadual e Municipal. Mas estes mecanismos não são suficientes para aplacar os interesses internacionais em jogo, como podemos observar em vários movimentos de desestabilização de regimes democráticos na própria América do Sul, como o golpe na Bolívia, contra o ex-presidente da Bolívia Evo Morales em 2019 (EVO..., 2021), e o golpe parlamentar contra Dilma Roussef, em 2016[11]. Neste processo dialético, o pensamento crítico dos direitos humanos avança na consolidação de que os direitos humanos são indivisíveis e universais, indivisíveis interdependentes e inter-relacionados[12], conceituando a democracia como uma consequência do Constitucionalismo Transicional (TIETEL, 2011).

Marcelo Torelly descreveu que a terceira fase tem início em 1989 e vai até os dias atuais. Considera a etapa da consolidação da Justiça de Transição pela criação de instâncias permanentes e não pontuais para julgar crimes de lesa humanidade como a efetivação do Tribunal Penal Internacional (TPI), que representou o desdobramento do Tribunal de Nuremberg, uma vez que visa, também agora, em tempos de paz, julgar violadores dos direitos humanos. Criminosos de guerra e genocidas são passíveis de condenação, com jurisdição definida em tratados e com recepção dos países para sua efetivação global (TORELLY, 2012).

Esta expectativa refletiu um sentimento geral de 'não repetição das barbáries' vistas durante as guerras. Identifica-se o colonialismo como grande responsável pelos atrasos na superação de sistemas políticos

---

[11]Sobre o golpe parlamentar de Dilma Roussef ler: PRONER, Carol; CITTADINO, Gisele; TENENBAUM; RAMOS, Wilson. A resistência ao golpe de 2016. Bauru: Canal 6, 2016.

[12] Ver: DECLARAÇÃO E PROGRAMA DE AÇÃO DE VIENA (1993); Art. 5º 5. Todos os direitos humanos são universais, indivisíveis interdependentes e inter-relacionados. A comunidade internacional deve tratar os direitos humanos de forma global, justa e equitativa, em pé de igualdade e com a mesma ênfase. Embora particularidades nacionais e regionais devam ser levadas em consideração, assim como diversos contextos históricos, culturais e religiosos, é dever dos Estados promover e proteger todos os direitos humanos e liberdades fundamentais, sejam quais forem seus sistemas políticos, econômicos e culturais.

marcados pelos segregacionistas, racistas e pela ideia da superioridade racial. É justamente nesta situação, que nasceu o conceito de Justiça de Transição no direito internacional. Organismos foram criados com capacidade jurídica para enfrentar conflitos dessa natureza, com a definição de crimes internacionais de direitos humanos e os respectivos fóruns em que possam ser processados os dirigentes do Estado que venham a praticar os delitos previstos nos Tratados de Direitos Humanos e nas obrigações decorrentes de sua ratificação pelo direito interno de cada país (TORELLY, 2012).

A necessidade de reforma das instituições é uma conclusão fundamental dos estudos e pesquisas transicionais, para superar os modelos autoritários. Para este desiderato, será necessário a remoção da burocracia e seus agentes que deram suporte à máquina pública fascista, para se dar um exemplo. Nesse processo de revisão crítica das violações, a responsabilização individual e punição dos agentes do Estado pelos crimes praticados é fundamental, para não deixar marcas de impunidade (TORELLY, 2012).

Em síntese, a Justiça de Transição caracteriza-se por um conjunto de mecanismos utilizados para a transição do Estado de exceção e o restabelecimento do Estado democrático de direitos. É sempre importante destacar que cada país responde de forma autônoma às graves violações de direitos humanos praticados por determinado regime. A justiça transicional não é uma forma especial de justiça, mas uma justiça de caráter restaurativa, na qual as sociedades transformam a si mesmas depois de um período de violação generalizada dos direitos humanos (GENRO; ABRÃO, 2012, p. 92).

Jon Elster, autor de *Closing the Books: Transitional Justice in Historical Perspective,* discute a justiça de transição como parte de um processo que historicamente pode ser identificada nos sistemas atenienses, entre 411 e 403 a.C. como ponto de partida para os historiadores. Este período é a passagem da democracia ateniense para a forma oligárquica de poder, e o retorno da democracia como resposta aos crimes praticados pelos que monopolizaram o poder, tendo como objetivo seus próprios interesses, caracterizando assim um tipo de transição tão antiga quanto o próprio regime político. A restauração da democracia veio associada de medidas que redistribuíram o patrimônio acumulado pelos oligarcas, ganhando a simpatia dos que tinham perdido seus bens, ora confiscados injustamente. Como destaca Elster "O episódio seguinte de justiça de transição ocorreu mais de dois mil anos depois, na Restauração Inglesa [...]" (ELSTER, 2004, p. 3, tradução nossa)[13].

Nesta obra clássica, o autor também destacou o papel das instituições supranacionais, do fenômeno e sua dinâmica nacional interna e a importância dos movimentos sociais e dos indivíduos.

Ainda discutindo a abordagem de Elster, em *Closing the Books: Transitional Justice in Historical Perspective,* sua delimitação metodológica está na responsabilização por medidas de um Estado e tem como objetivo responsabilizar os agentes de crimes contra vítimas que são cidadãos do mesmo Estado.

A experiência das instituições supranacionais também são parte integrante da justiça de transição, como o "Tribunal de Crimes de Guerra de Nuremberg, o Tribunal Internacional de Crimes de Guerra para o Extremo Oriente e os Tribunais Criminais Internacionais para Ruanda e para a ex-Iugoslávia [...]" (ELSTER, 2004, p. 93, tradução nossa)[14]. Estes

---

[13] "Democratic transitional justice is almost as old as democracy itself. In 411 b.c. and then again in 404–403 b.c., the Athenians saw the overthrow of democracy by an oligarchy, followed by defeat of the oligarchs and restoration of democracy. 1 In each case, the return to democracy went together with retributive measures against the oligarchs. In 403, the Athenians also took steps toward restitution of property that had been confiscated by the oligarchic regime. The next episode of transitional justice occurred more than two thousand years later, in the English Restoration."

[14] "Transitional justice can involve several levels: supranational institutions, nation-states, corporate actors, and individuals. In this book, the main focus is on measures of transitional justice that (i) are enacted by a state and (ii) target wrongdoers and victims who are citizens of that state. I shall also have occasion, however, to discuss some of the other cases. Supranational institutions include the Nuremberg War Crimes Tribunal, the International War Crimes Tribunal for the Far East, and the International Criminal Tribunals for Rwanda and for the former Yugoslavia. The latter two tribunals differ from the other cases discussed in this book in that they represent neither

tribunais ao contrário dos casos estudados nesta tese, por exemplo, não representam a população alvo dos ataques, mas sim a comunidade internacional.

Glenda Mezarobba (2009), em *O que é justiça de transição? Uma análise do conceito a partir do caso brasileiro*, apresenta o pensamento de Elster quando assinala que o mesmo classifica os casos de justiça de transição de acordo com a natureza e duração do regime autoritário, descrevendo estes elementos em duas categorias que nominou endógeno e exógeno.

A transição endógena consiste quando a mudança do regime tem sua origem dentro do próprio país, resultado das contradições e erosão do governo autoritário. O conceito de exógeno é mais abrangente e significa que a transição foi imposta por uma 'força estrangeira'. Concluiu Glenda que o caso brasileiro seria duplamente endógeno porque "[...] o arbítrio teve origem dentro das próprias fronteiras nacionais, mas também porque o processo de acerto de contas foi iniciado pelo próprio país onde ocorreram as violações de direitos humanos [...]" (MEZAROBBA, 2009, p. 41-42).

Como visto, no Brasil, o regime ditatorial e seus ditadores encobriram 21 anos de crimes contra a ordem democrática, através de uma legalidade autoritária que legitimou todas as violações de direitos fundamentais, mesmo mantendo uma fachada de democracia como o funcionamento do Congresso Nacional e do Judiciário, como vamos analisar nos próximos capítulos desta tese. As torturas e crimes contra a humanidade não encontravam abrigo nem mesmo na Carta Constitucional de 1967, imposta pelos militares. Entretanto, esses

---

successors nor winners but the international community. I shall not, therefore, consider them further. Let me note, nevertheless, a common feature of transitional justice after Bosnia and after World War II. In 1944, the publication by the Wall Street Journal of the Morgenthau plan (see Chapter 7) to impose a 'Carthaginian peace' on Germany triggered accusations by Thomas Dewey, Roosevelt's rival for the upcoming presidential elections, that Goebbels had used the plan to 'terrify the Germans into fanatical resistance.' In Bosnia, France and Britain 'saw the issue of war criminals as a potential impediment to making peace in ex-Yugoslavia, binding the hands of policymakers who might have to cut a deal with criminal leaders".

governos ditatoriais, gradativamente perdiam apoio nos Estados Unidos, com a chegada do governo Carter e perda da legitimidade na opinião pública interna. O reestabelecimento da ordem democrática era a saída viável, mas os acordos e o processo político têm suas complexidades, como descreveu Marcelo Torelly (2012, p. 104):

> *Múltiplos modelos políticos considerados econômica, totalitários, autoritários, pós-totalitários ou mesmo sultanísticos [...] produziram Estados de Direito fundados na ideia de uma democracia constitucionalmente limitada e organizada em torno de alguns valores universalmente reconhecidos pelo sistema internacional, como os direitos humanos.*

A Lei de Anistia (BRASIL, 1979), em seu art. 1º, faz referência aos crimes eleitorais, crimes políticos e crimes conexos. Os crimes anistiados são os praticados em função da resistência ao regime ditatorial, ou seja, os crimes políticos não são crimes comuns, conforme a 'teoria mista' entendendo que a definição do crime político depende do elemento subjetivo que impulsiona o sujeito e o delito em análise, em outras palavras, eram todos os atos considerados subversivos conforme a Doutrina da Segurança Nacional (COMBLIM, 1978)[15] e os crimes conexos são os crimes comuns praticados em função da desobediência civil, ou seja, "[...] crimes comuns necessários para o alcance de crime político [...]" (MEYER, 2012, p. 130), como adulterar documentos, usar nomes falsos, etc.

Ao falarmos do tema judicialização transicional, é importante destacar por último que, em abril de 1980, três torturadores foram denunciados, através de carta, por Carmélia Pereira de Carvalho, esposa de Milton Coelho de Carvalho (BAHIA, 1979)[16], no relato a vítima de

---

[15] A Doutrina da Segurança Nacional baseou-se no crescimento da guerra fria, A denominada guerra fria consiste em um conflito global permanente, que paradoxalmente evita-se um confronto armando direto entre as principais potências nucleares. A segurança nacional é uma doutrina que nasceu formação doutrinária militar, baseada na denominada 'Doutrina Truman' de 1947, nesta doutrina a política externa dos EUA deve apoiar os povos livres em sua resistência contra qualquer tipo de dominação, ou por grupos minoritários armados, como também de pressões estrangeiras (COMBLIM, 1978, p. 39-40).

[16] Dossiê sobre Milton Coelho de Carvalho.

tortura teria ficado cego, em fevereiro de 1976, em Aracaju. O processo chegou ao Superior Tribunal Militar (STM).

O caso Milton, como é conhecido, é emblemático por significar a primeira decisão baseada na Lei de Anistia de 1979. O juiz auditor da VI Circunscrição Militar julgou improcedente, tendo em vista o repositório que torna anistiados os torturadores no mesmo nível que os 'crimes' de que foram acusados os presos políticos. Sendo assim, dá-se início à teoria dos dois demônios, em plena redemocratização do país (MEZAROBBA, 2009).

Outro processo importante foi protagonizado por Dr. Hélio Bicudo, então deputado federal pelo Partido dos Trabalhadores (PT-SP), que moveu uma representação contra o policial Pedro Antônio Mira Grancieri, vulgo capitão Ramiro, pelo assassinato do jornalista Vladimir Herzorg, nas dependências do Destacamento de Operações de Informação/Centro de Operações de Defesa Interna (DOI-CODI), em 1975. Coube ao promotor Luiz Antônio Guimarães Marrey, nesta altura coordenador da 1º Promotoria do Juri da Cidade de São Paulo, encaminhar o inquérito que terminou encerrado, por um argumento de que "[...] o delito pelo paciente praticado, ou provavelmente por ele praticado [...]", estaria "[...] acobertado por causa extintiva de punibilidade [...]" (MEZAROBBA, 2009, p. 46).

O PGJ, inconformado, discordou do uso da Lei de Anistia e a controvérsia foi parar no Superior Tribunal de Justiça, que findou decidindo que não cabia aquele recurso naquela Corte. Mezarobba chama atenção que já existia um precedente sobre o mesmo caso. Em 1978, uma sentença proferiu o caso Herzog como de responsabilidade do Estado pelas torturas, prisão ilegal e por não zelar pela integridade física do jornalista, determinando que o Ministério Público apurasse a devida responsabilidade criminal dos agentes públicos envolvidos (MEZAROBBA, 2009).

1.3 O conceito de Anistia e sua aplicação na Lei Federal nº 6.683

A anistia é um instituto antigo, conforme descrito por Borges (2012). Sua primeira referência conhecida data do século V a.C. Em sua evolução histórica, chegou a apresentar diferentes denominações e efeitos jurídicos. Trata-se de uma renúncia do poder punitivo do Estado, que perdoa a prática de infrações penais.

Trata-se de um ato pelo qual se extinguem as consequências de um fato punível e, como resultado, qualquer processo sobre ele. A anistia é um instituto que encobre as características delituosas após motins e revoluções, ou quando terminam as guerras civis e insurreições, conforme descrito por Perrone-Moisés (2012). Nesse sentido, é gerado um esquecimento jurídico inspirado em razões de Estado. Um expediente decisivo pelo qual o Estado faz a opção de não impor sanções ou extingue as já pronunciadas.

A revogação do Ato Institucional nº 5, em 13 de outubro de 1978 (BRASIL, 1978), restaurou as garantias constitucionais, tais como o habeas corpus e permitiu o início de distensão política com os opositores do regime ditatorial.

No intuito de superar o período histórico, a luta contra o regime ditatorial brasileiro centrou-se na palavra de ordem 'Anistia', como destaca Cristina Buarque de Hollanda e Matheus Vitorino Machado, no verbete 'Anistia', do Dicionário dos Negacionismos no Brasil (2022).

O Movimento Feminino pela Anistia (MFPA), liderado por Therezinha Zerbini, conseguiu, através da luta das mulheres, pautar a necessidade de uma abertura através de uma anistia ampla, geral e irrestrita. Em seguida, surgiram os Comitês Brasileiros pela Anistia (CBAs), ampliando o leque de organizações e de cidades que passaram a organizar um movimento e atos de rua pela democracia (HOLLANDA; MACHADO, 2022).

O dispositivo de Anistia era previsto na Constituição de 1967 – nela restaurava-se a competência do Congresso Nacional para decretá-la, conforme previsto na tradição do constitucionalismo brasileiro de 1891, 1934 e 1946.

A primeira proposta de anistia parcial foi apresentada pelo deputado Paulo Macarine, na Câmara dos Deputados. O MDB, partido da Oposição, mesmo com apoio de expressivos deputados da Arena, partido da situação, não foi suficiente e o projeto foi derrotado. Diante desse fato, a ditadura voltou a limitar o parlamento restringindo a sua competência constitucional através da Emenda Constitucional nº 1, de 1969 (BRASIL, 1969), outorgada pela Junta Militar, em seu artigo 57, VI, tornou a iniciativa de anistia privativa do presidente da República.

Em junho de 1979, o presidente João Figueiredo enviou ao Congresso Nacional a Mensagem nº PR-191/1979, acompanhando o Projeto de Lei que tomou o nº 14, de 1979. A mensagem foi votada na tumultuada sessão de 22 de agosto de 1979, depois de esgotada a discussão conforme regimento, no dia anterior. A Lei nº 6.683 foi promulgada em 28 de agosto de 1979.

O entendimento inicial do governo militar era de que a anistia não alcançava os 'condenados por terrorismo', os parlamentares do MDB lutavam para derrubar este dispositivo e condenar os ex-agentes públicos que praticaram, mandaram praticar ou permitiram fossem praticadas detenções ilegais e arbitrárias, tortura, execuções, estupros, desaparecimentos forçados e ocultação de cadáveres, violências todas elas que, 'pela escala e sistematicidade', constituíram crimes contra a humanidade e, com essa caracterização, no direito brasileiro e na ordem jurídica internacional considerados imprescritíveis e inanistiáveis, já nos anos 1980.

O resultado foi que a própria oposição cedeu e o texto aprovado deixou vaga a responsabilização, permitindo uma interpretação de anistia geral, irrestrita. Em síntese, perdão para os dois lados.

O debate sobre a responsabilidade penal dos militares foi reaberto após o atentado do 'Rio Centro', em 30 de abril de 1981, localizado em Jacarepaguá, Rio de Janeiro/RJ. A denominada 'bomba do Rio Centro', consistiu na explosão de duas bombas de fabricação artesanal, em um show de música popular brasileira no qual se estima que haviam mais de 20 mil pessoas. Tratava-se de evento que comemorava o Dia do Trabalhador, em 1º de maio de 1981.

Segundo perícias, uma das bombas explodiu dentro do veículo de marca Puma, 1977, no estacionamento do Riocentro, um dos ocupantes do carro o capitão Wilson Luiz Chaves Machado, que usava o codinome 'Dr. Marcos' ficou gravemente ferido e um segundo ocupante, identificado como o sargento Guilherme Pereira do Rosário, codinome 'agente Wagner', faleceu. Ambos agentes eram lotados no DOI do I Exército.

Segundo o *relatório da CNV sobre o atentado do Riocentro* (BRASIL, 2014b), o atentado tinha como objetivo retardar a abertura política. A equipe de pesquisa conseguiu informações sobre uma outra bomba, que explodiu no pátio da miniestação elétrica, jogada por cima do muro local, segundo os Inquéritos Policiais Militares (1981 e 1999) esta bomba tinha como objetivo interromper o fornecimento de energia elétrica e com o apagão, haveria um tumulto e pânico. Mas o explosivo não causou danos aos equipamentos da miniestação elétrica, frustrando os planos dos órgãos de repressão.

O mais surpreendente do episódio tem seu desfecho no Superior Tribunal Militar, em maio de 1999, que arquiva a investigação, tendo como encarregado o general de divisão Sérgio Ernesto Alves Conforto, enquadrando o caso na Lei da Anistia, de 1979.

A Lei da Anistia (BRASIL, 1979), então ressignificada no Superior Tribunal Militar, passou a ser considerada uma lei 'ampla e irrestrita' aplicável a todos os tipos de crimes. É importante destacar que neste mesmo período histórico os militares negavam, através de seus representantes, qualquer atentado aos direitos humanos (LEITE, 2016, p. 68).

A convocação da constituinte de 1987, foi feita através da Emenda Constitucional nº 26 de 1985 (BRASIL, 1985). Nela, reafirmou-se os termos da Lei da Anistia de 1979, reconhecendo o direito de reparação das vítimas da ditadura, mas reafirmando o caráter amplo, geral e irrestrito da anistia.

A anistia e seu desdobramentos jurídicos, como veremos posteriormente, passou a ser um divisor de águas sobre a transição brasileira. Em parte, porque representa a luta da sociedade civil contra o regime e por outro lado uma tornou-se o ponto de discórdia de uma transição marcada pela impunidade dos agentes do Estado (LEITE, 2016).

A professora Eneá de Almeida (2017), em *Justiça de Transição no Brasil: apontamentos*, reflete o impacto das políticas públicas de acesso ao direito à memória, à verdade no Brasil, identificando lacunas no modelo de reparação que não foi devidamente institucionalizada no Brasil. Afirma que o país assumiu o risco de um retrocesso, em se tratando de anistia, ou até mesmo da volta à uma ditadura militar, quando não efetivou todas as diretrizes da justiça de transição como política pública e de Estado.

Segundo Eneá, a partir de 2015, é possível ver sinais de retrocesso nas políticas públicas de memória, porque em parte foram interrompidas, ou quando não, descaracterizadas, já pelo governo Michel Temer. E indicou como exemplo dessa observação, a paralização das obras do Memorial da Anistia Política, que estava planejado para ser inaugurado em 2014, um equipamento que contava com a parceria entre o Ministério da Justiça e a UFMG, mas findou até o momento estagnada, gerando desperdício e prejuízos ao erário público (ALMEIDA, 2017).

1.4 A constitucionalidade da Lei de Anistia nº 6.683/79

José Carlos Moreira da Silva Filho formula, em seu artigo *A Ambiguidade da anistia no Brasil: memória e esquecimento na transição inacabada* (2014), a consequência dos antagonismos de uma lei fruto de várias lutas e que permitiu o retorno dos exilados políticos, bem como a libertação 'progressiva' dos presos políticos que estavam detidos ou cumpriam sentenças no país.

A sociedade civil foi a grande vitoriosa de uma abertura que consistia, entre outras bandeiras, na anistia. Estas demandas perpassavam pelas eleições diretas para presidente da República e uma nova constituição. Houve um desgaste irrecuperável pela opinião pública do significado de uma ditadura no Brasil e o aumento do custo de vida.

O governo militar, na gestão de Figueiredo, apresentou um projeto de anistia no bojo de outros parecidos na América Latina. Tratava-se de uma legislação que auto anistiava os agentes da ditadura em troca de um perdão para os civis.

Neste sentido, ainda segundo José Carlos, tratou-se de um 'passaporte' para que os agentes da ditadura não fossem responsabilizados, e afirma: "[...] a anistia fez parte de um projeto cuidadosamente delineado por estrategistas do regime, comandado pelo arquiteto intelectual da ditadura, o General Golbery do Couto e Silva [...]" (SILVA FILHO, 2014, p. 18).

A questão da interpretação e a questão de validade da Lei de Anistia nº 6.683/79 (BRASIL, 1979) tornou-se fundamental para os ex-agentes da ditadura militar, bem como para os movimentos sociais, que defendem a agenda da justiça de transição.

Estes movimentos se multiplicaram em busca da responsabilização dos agentes e pelos resultados do próprio processo constituinte de 1988. É importante destacar que, no Art. 8 dos Atos e Disposições Constitucionais Transitórias, foi consolidado o processo de Anistia e as bases para a reparação das suas vítimas. E posteriormente, como desdobramento, houve a criação da Comissão de Mortos e Desaparecidos em dezembro de 1995, por meio da Lei nº 9.140 (BRASIL, 1995) e a Criação da Comissão de Anistia/Ministério da Justiça Lei 10.559, (BRASIL, 2002d).

No ano de 2008, a Ordem dos Advogados do Brasil entrou com Arguição de Descumprimento de Preceito Fundamental no Supremo Tribunal Federal – ADPF nº. 153/DF (DISTRITO FEDERAL, 2010), questionando a abrangência da Lei de Anistia. No entendimento de Ramos (2011, p. 180), a ADPF "[...] invocou os preceitos fundamentais constitucionais da isonomia (art. 5.º, caput), direito à verdade (art. 5.º XXXIII) e os princípios republicano, democrático (art.1.º parágrafo único) e da dignidade da pessoa humana (art.1.º, III) [...]". O questionamento objetivava identificar quais foram precisamente as pessoas anistiadas. Essa dificuldade de identificação decorre da inexatidão do conceito de crimes conexos aos crimes políticos, previstos no Art.1º, § 1º, da Lei de Anistia, conforme descrito por Borges (2012).

Foram perceptíveis as divergências de opiniões dentro do próprio Estado, acerca da interpretação da Lei de Anistia de 1979. Notadamente, a Secretaria Especial de Direitos Humanos e o Ministério da Defesa rivalizaram sobre o mérito da ADPF nº 153/DF.

A posição do Ministério da Defesa, no processo, sustentou que tratou a Lei de Anistia da reconciliação nacional, bem como foi fundamental para pacificação do país. Já a Secretaria Especial de Direitos Humanos, discordou da interpretação de que houvesse acordo na sociedade sobre a Lei da Anistia, bem como de sua capacidade jurídica em obstruir as investigações e responsabilização dos agentes "[...] pelas práticas reiteradas de tortura, homicídios e outras graves violações de direitos humanos praticados pelos agentes do regime de exceção [...]" (MEYER, 2012, p. 19).

Para Tavares e Agra (2009, p. 70), "[...] optou-se por esquecer os crimes praticados, como forma de facilitar o processo de transição democrática, sem que houvesse qualquer tipo de discussão com a sociedade e de sanções aos envolvidos [...]". Conforme descrito por Borges (2012, p. 89): "[...] a existência desse pacto afronta o preceito fundamental da dignidade da pessoa humana e do povo brasileiro, que não pode ser negociada [...]".

O crime político é aquele que lesa ou pode lesar a soberania, a integridade, a estrutura constitucional ou o regime político do Brasil, conforme descrito por Ramos (2011). Este ponto é importante uma vez que os agentes cometeram crimes comuns, e não podem ser confundidos com crimes políticos, como ressalta Barbosa e Vannuchi (2009, p. 63-64)

A decisão proferida pelo Supremo Tribunal Federal, na Arguição de Descumprimento de Preceito Fundamental - ADPF n° 153/DF, em 29 de abril de 2010 (DISTRITO FEDERAL, 2010), manteve a interpretação de que a Lei 6.683 (BRASIL, 1979) teria assegurado anistia ampla, geral e irrestrita, alcançando tanto as vítimas como os algozes. Conforme entendimento de Piovesan (2011, p. 81): "O argumento central é que a lei de anistia teria sido expressão de um acordo político, de uma conciliação nacional, envolvendo 'diversos atores sociais, anseios de diversas classes e instituições políticas'[...]".

A respeito da improcedência proferida no dia 29.04.2010, em face à Arguição de Descumprimento de Preceito Fundamental – ADPF n° 153/DF (DISTRITO FEDERAL, 2010), pelo Supremo Tribunal Federal, é de se questionar o dever que tem o país de fornecer explicações sobre seu passado e responsabilizar os agentes pelos crimes cometidos durante o período ditatorial. No entendimento de Barbosa e Vannuchi (2009, p. 63):

> *Em verdade, esses agentes públicos, além de não poderem ser beneficiados de uma autoanistia, praticaram crimes contra humanidade ao perpetrarem homicídios sob tortura, execuções sumárias, desaparecimentos forçados e ocultação de cadáveres, num contexto de ataque sistemático contra segmentos da população civil, em tempo de guerra ou de paz, conforme rezam as conceituações de tais delitos nos organismos e tratados da ONU. É espantoso, causa perplexidade é inaceitável que o Estado perdoe a si mesmo pelos atos criminosos de seus próprios agentes.*

A Lei nº 6.683/79 (BRASIL, 1979) não impede, em absoluto, o esclarecimento devido à sociedade, conforme o que preceitua a Constituição de 1988, bem como os tratados de São José da Costa Rica no sistema regional de Direitos Humanos, como também os costumes internacionais, resultado de mais de quatro dezenas de comissões da verdade. A análise criteriosa do voto vencedor do relator Eros Grau ressaltou a importância de serem esclarecidos os fatos ocorridos na ditadura, e reconheceu o direito à verdade, portanto, o direito à memória, mesmo que sem a implicação criminal dos autores (BORGES, 2012, p. 89): "Nenhuma derrogação é permitida em face ao direito absoluto de não sofrer torturas, escravidão, genocídio e outras graves violações dos direitos humanos [...]". No entendimento de Bastos (2009, p. 38) "Estados que perdoam irrestritamente os torturadores antes de levá-los a julgamento não estariam cumprindo suas obrigações internacionais de julgar os crimes contra humanidade [...]".

1.5 A criação da Comissão Nacional da Verdade: antecedentes e limites

As primeiras inciativas de relatar as graves violações de direitos humanos que ocorriam no Brasil, surgiram em forma de relatórios internacionais. Neste ponto, a Igreja Católica protagonizou um importante capítulo na denúncia das graves violações de direitos humanos na ditadura militar.

Em 16 dezembro de 1969, a Comissão Pontifícia de Justiça e Paz – organismo criado pelo Papa Paulo VI, em janeiro de 1967, sediado em Roma, um fórum especializado que integrou representantes de todos os continentes – recebeu um documento em inglês, de dezoito páginas, intitulado *Terror in Brazil: A dossier* (DELLA CAVA, 1970)[17].

---

[17]O ativista norte-americano Ralph Della Cava, então professor de história do Brasil na City University de Nova York em Queens, coordenou a preparação do dossiê *"Terror in*

Trata-se de um documento com o prefácio do historiador Michel de Certeau, jesuíta francês, que sistematizava, a partir de uma cronologia, as graves violações decorrentes do golpe civil-militar de 1964. O documento foi também publicado em 1969, na revista francesa Croissance de Jeunes Nations, com o título *Livre noir: Terreur et torture au Brésil*[18].

Entre os relatos, o relatório trazia informações sobre o assassinato do padre Antônio Henrique Pereira Neto (1969), e relatórios assinados pelo arcebispo de Olinda e Recife, dom Helder Camara, relatando o crescimento da violência contra a Igreja, seus membros do clero e leigos engajados nas pastorais sociais.

Os familiares de desaparecidos políticos apresentaram para a Comissão Interamericana de Direitos Humanos diversos casos de desaparecidos reportados. O regime, por sua vez, sabe-se hoje, atuou ao lado de outras ditaduras na América Latina para neutralizar estas denúncias, que restaram sem maiores consequências. Internamente, no Brasil, o esforço mais importante dessa quadra foi a construção do livro-relatório *Brasil, Nunca Mais,* no qual se extraiu relatos que estavam consignados nos processos que tramitavam na Justiça Militar, um esforço coordenado pela Arquidiocese de São Paulo (MARTINS, 2014).

No governo Fernando Henrique Cardoso, foi aprovada a Lei nº 9.140, de 04 de dezembro de 1995 (BRASIL, 1995), alterada pela Lei nº 10.536, de 2002 (BRASIL, 2002c), que finalmente reconheceu como efetivamente mortas, para todos os efeitos legais, as pessoas que haviam participado de atividades políticas entre 1961 e 1988. Além disso, a Lei cria uma Comissão Especial sobre Mortos e Desaparecidos Políticos, para proceder ao reconhecimento dos desaparecidos políticos, trabalhar

---

Brazil: A dossier", que documentava as violações aos direitos humanos em curso no Brasil. Além de entregue ao papa Paulo VI, esse dossiê foi também distribuído na Conferência da Latin American StudiesAssociations (LASA) [Associação de Estados Latino-Americanos], realizada entre os dias 16 e 18 de abril de 1970, em Washington, nos Estados Unidos.

[18] Tradução: Livro negro: Terror e tortura no Brasil.

para a localização de seus corpos e proceder a análise de pedidos de indenização.

A nova Constituição de 1988, no artigo 8º da ADCT[19], tratou da garantia da reparação como elemento constitutivo do Estado Democrático de Direito, reconhecendo os perseguidos e, afastados, e garantindo a sua reintegração funcional (MARTINS, 2014).

Em 13 de novembro de 2002, foi regulamentado o Art. 8º da ADCT, pela Lei nº 10.559 (BRASIL, 2002d), que criou o regime do anistiado político no Brasil e que regulamentou as indenizações na esfera federal para os brasileiros que sofreram algum tipo de perseguição pelo regime militar. Um dos avanços do dispositivo legal de 2002 foi a criação da Comissão de Anistia, sediada no Ministério da Justiça e com jurisdição nacional. O governo Bolsonaro através da Medida Provisória nº 870/2019 (BRASIL, 2019) deslocou a estrutura da Comissão para o Ministério da Mulher, da Família e dos Direitos Humanos (MMFDH).

> *A consolidação democrática converteu o princípio vago em programa vigoroso, com alocação de cerca de 8 bilhões de reais em indenizações, um dos fundos mais robustos de indenização no mundo depois dos programas de reparação a vítimas do nazismo. (HOLLANDA; MACHADO, 2022, p. 96).*

Na medida em que o quadro político mudou, com um governo federal com uma correlação de forças hegemonizadas por pensamentos revisionistas da história e contra qualquer avanço da anistia política no Brasil, inclusive por manifestarem oposição ao pagamento dos benefícios

---

[19]Cf.: Constituição de 1988: Art. 8º. É concedida anistia aos que, no período de 18 de setembro de 1946 até a data da promulgação da Constituição, foram atingidos, em decorrência de motivação exclusivamente política, por atos de exceção, institucionais ou complementares, aos que foram abrangidos pelo Decreto Legislativo nº 18, de 15 de dezembro de 1961 , e aos atingidos pelo Decreto-Lei nº 864, de 12 de setembro de 1969 , asseguradas as promoções, na inatividade, ao cargo, emprego, posto ou graduação a que teriam direito se estivessem em serviço ativo, obedecidos os prazos de permanência em atividade previstos nas leis e regulamentos vigentes, respeitadas as características e peculiaridades das carreiras dos servidores públicos civis e militares e observados os respectivos regimes jurídicos (BRASIL, 1988).
.

da Lei 10.559 (BRASIL, 2002d), houve a promoção de um desmonte da Comissão de Anistia.

1.6 O PNDH - Plano Nacional de Direitos Humanos e as Comissões da Verdade

A reforma das instituições é um desafio global em matéria de transições, e corresponde à necessidade de prever e planejar políticas públicas eficazes, e com um novo desenho institucional que garanta sua efetividade na tutela multinível. Uma experiência importante nesse sentido, no Brasil, são as experiências de Planos Nacionais de Direitos Humanos (PNDH), criados a partir do Plano de Ação de Viena, resultado da Conferência Mundial sobre Direitos Humanos, em 1993 (CONFERÊNCIA MUNDIAL DE DIREITOS HUMANOS, 1993). Neste documento, os países se comprometem em formar planos de ação para a proteção e a promoção dos direitos humanos.

O Plano Nacional de Direitos Humanos (PNDH) corresponde a uma série de compromissos estruturados metodologicamente em diretrizes, ações e metas, pactuadas com a sociedade através de conferências estaduais e nacionais. Movimentos e redes sociais contribuem com seu conteúdo político e social.

Parte-se de um diagnóstico alimentado por anos de apontamentos e relatórios desenvolvidos sobre os direitos humanos, econômicos e sociais (DHECAs), conforme descrito nos Pactos de Direitos Humanos e Convenções no âmbito da OEA. A organização temática está muito associada ao contexto político e programático, em que o Estado está inserido, e de como anda a reforma das instituições.

Em 1996, a Secretaria Nacional de Direitos Humanos concebeu o PNDH I, através do Decreto nº 1.904/1996 (BRASIL, 1996). A ênfase desse documento é a segurança e integridade das pessoas. A violência policial estava associada ao contexto de impunidade da ditadura militar, havendo, desse modo, um estranhamento por parte da sociedade civil e seus representantes. A carência de um sistema de defesa da pessoa humana refletia na necessidade de criar uma série de ações programáticas contra o trabalho forçado e o aprisionamento de pessoas, além da necessidade de enfrentamento à tortura, através do apoio da advocacia popular em direitos humanos.

Sancionado no segundo governo Fernando Henrique Cardoso, o PNDH II foi concluído e publicado em 2002, através do Decreto nº 4.229 (BRASIL, 2002a). A pauta da segurança pública voltou a figurar com destaque. Principalmente para fazer frente à violência policial, tortura nas periferias e execuções sumárias. O massacre do presídio Carandiru, em São Paulo, e a criminalização dos movimentos do campo criaram condições para terríveis páginas de violência como o caso Eldorado dos Carajás. Diante da complexidade da violência policial, foi necessário criar o Plano Nacional de Segurança Pública, onde figura o Conselho Nacional de Justiça e Nacional do Ministério Público. Por outro lado, inova-se ao tratar das pessoas desaparecidas, em função de seu posicionamento político, com o reconhecimento civil de morte presumida. Aqui, aparecem as bases do Programa para o debate sobre Justiça de Transição. Temas como educação, saúde, trabalho e previdência social, tomam espaço de destaque, do ponto de vista de grupos socialmente vulnerabilizados, os destaques foram: mulheres, crianças e adolescentes, povos indígenas (não mais sociedades indígenas), idosos (não mais terceira idade), Gays, Lésbicas, Travestis, Transexuais e Bissexuais (GLTTB), pessoas com deficiência.

Em 2009, o Brasil amplia sua experiência de políticas integradas de direitos humanos e consolida o PNDH III, resultado de uma ampla mobilização de municípios, estados e da União. No início de 2010, Decreto nº 7.037/2009 (BRASIL, 2009a) foi atualizado pelo Decreto nº 7.177/2010 (BRASIL, 2010), por pressão do Ministro Nelson Jobim (então Ministro da Defesa), que foi enfático ao não aceitar o texto original, principalmente pelo compromisso do governo em criar uma Comissão da Verdade à nível nacional.

O PNDH (BRASIL, 2009b) tem seis eixos temáticos orientadores: Eixo Orientador I: Interação democrática entre Estado e sociedade civil; Eixo Orientador II: Desenvolvimento e Direitos Humanos; Eixo Orientador III: Universalizar Direitos em um Contexto de Desigualdades; Eixo Orientador IV: Segurança Pública, Acesso à Justiça e Combate à Violência; Eixo Orientador V: Educação e Cultura em Direitos Humanos; Eixo Orientador VI: Direito à Memória e à Verdade.

Por defender um maior controle da mídia, a criação da comissão da verdade e a descriminalização do aborto, o documento passou a ser combatido pelos meios de comunicação, setores religiosos e pela cúpula dos militares, que formaram uma aliança contra o documento. A pressão também surgiu dentro do ministério do governo Lula, liderado pelo Ministro Nelson Jobim

Depois de uma série de entrevistas e conflitos, com o então Ministro Paulo Vannucchi, da Secretaria de Direitos Humanos, o presidente Lula acordou com os dois ministros a criação do grupo de trabalho que formulou um anteprojeto de lei para dar o escopo jurídico do projeto de Lei que criou a Comissão Nacional da Verdade.

Em 14 de janeiro 2010, na sede da OAB/PE, foi criado em Pernambuco o Comitê em Defesa do PNDH III. Seu lançamento contou com um manifesto assinado por 60 entidades da sociedade civil, ligadas aos movimentos de direitos humanos, que reagiram em defesa das pautas aprovadas na 11° Conferência, bem como da agenda dos direitos humanos. Sessões legislativas na Câmara dos Deputados e nas Assembleias Estaduais fortaleceram a necessidade de uma proposta de Comissões Estaduais para garantir a pluralidade da apuração dos crimes.

Em 23 de agosto de 2011, foi lançado o Comitê Estadual pelo Direito à Memória e à Verdade de Pernambuco, em ato público no Centro Cultural Rossini Alves Couto. Seu manifesto continha um conteúdo de defesa do PNDH III nos estados. O reflexo desse processo foi a formulação de uma legislação estadual que criava uma comissão da verdade no estado[20] de Pernambuco, o que veio acontecer no ano seguinte, em 2012[21].

> *Os comitês se multiplicaram pelo país em torno da bandeira de defesa do Plano Nacional de Direitos Humanos 3 (PNDH3), cujo decreto original, assinado pelo presidente Luiz Inácio Lula da Silva em dezembro de 2009, foi objeto de reação contundente capitaneada por setores militares. Segundo Manoel Severino Moraes – que veio a ser membro titular da Comissão Dom Helder Camara, de Pernambuco, mas que foi antes membro do comitê pernambucano -, temia-se, à época, a possibilidade de não efetivação do Plano - e, por consequência, a desarticulação da comissão da verdade prevista nele, que ainda não tinha o nome nem a forma da Comissão Nacional da Verdade (MORAES, 2019, p. 47).*

Mesmo com toda defesa feita pela sociedade civil, a atualização do PNDH3 foi pactuada através do decreto n° 7.177/2010 (BRASIL, 2010) que resultou dessa oposição dentro do próprio governo, alterando o texto original, no Art. 4°, que previa as ações programáticas "c" e "f", e

---

[20]Pernambuco já em 1990, no governo de Carlos Wilson (PMDB), extinguiu o Departamento de Ordem Social e Política – (DOPS) da estrutura de segurança do Estado. Foram anos de abertura política e de acesso à documentação de milhares de pernambucanos investigados em prontuários individuais e institucionais, que estavam pela primeira vez acessíveis no Arquivo Público Estadual Jordão Emerenciano. Entre os crimes que mais marcaram a sociedade pernambucana, estão o assassinato de Pe. Henrique, sequestrado, torturado e tendo seu corpo sido encontrado jogado em um matagal no Bairro da Várzea, no dia 27 de maio de 1969, chocando a opinião pública. Henrique tinha apenas 29 anos de idade. Um ano depois, no dia 28 de abril de 1969, Cândido Pinto, então presidente da União dos Estudantes de Pernambuco sofreu um atentado à bala que o deixou paraplégico. Em 28 de abril de 1999, várias organizações estudantis, partidos, movimentos de direitos humanos formaram um Comitê contra a impunidade no caso do assassinato de Pe Henrique e do atentado contra Cândido Pinto. Atos no monumento Tortura Nunca Mais e Sessões solenes na Câmara de Vereadores do Recife e na Assembleia Legislativa ressoaram às manifestações, denunciando os 30 anos destes crimes e a falta de responsabilização.

[21] O Comitê Memória, Verdade e Justiça consegue dialogar com o governo de Pernambuco e o governador Eduardo Campos sanciona a Lei Estadual n° 14.688, de 1° de junho de 2012 (PERNAMBUCO, 2012), com o nome de Comissão Estadual da Memória e Verdade Dom Helder Camara (CEMVDHC), em homenagearam à resistência democrática durante a ditadura, na figura do Arcebispo de Olinda e Recife Dom Helder Camara, cujo trabalho firme da Comissão Justiça e Paz foi âncora desta resistência.

a diretriz de número 24, *Preservação da memória histórica e construção pública da verdade*, passou a ter a seguinte redação:

> *"c) Identificar e tornar públicos as estruturas, os locais, as instituições e as circunstâncias relacionados à prática de violações de direitos humanos, suas eventuais ramificações nos diversos aparelhos estatais e na sociedade, bem como promover, com base no acesso às informações, os meios e recursos necessários para a localização e identificação de corpos e restos mortais de desaparecidos políticos.*
>
> *.." (NR)*
>
> *"f) Desenvolver programas e ações educativas, inclusive a produção de material didático-pedagógico para ser utilizado pelos sistemas de educação básica e superior sobre graves violações de direitos humanos ocorridas no período fixado no art. 8º do Ato das Disposições Constitucionais Transitórias da Constituição de 1988 (BRASIL, 2010).*

Além destas mudanças, o novo decreto retirou o trecho que dava à Comissão da Verdade a competência para promover a apuração das 'violações de Direitos Humanos praticadas no contexto da repressão política'. O novo texto do Decreto nº 7.177/2010 (BRASIL, 2010) apenas define que a Comissão deverá 'examinar as violações dos Direitos Humanos praticadas' no período de 18 de setembro de 1946 a 5 de outubro de 1988.

Outra parte bastante criticada pelos militares foi mantida. Este outro trecho, definiu que a referida Comissão, quando criada, pretende:

> *c) Identificar e tornar públicos as estruturas, os locais, as instituições e as circunstâncias relacionados à prática de violações de direitos humanos, suas eventuais ramificações nos diversos aparelhos estatais e na sociedade, bem como promover, com base no acesso às informações, os meios e recursos necessários para a localização e identificação de corpos e restos mortais de desaparecidos políticos.*

Segundo o relatório das recomendações aprovadas pela 11º Conferência Nacional de Direitos Humanos (2008), registrou-se aproximadamente de 14 mil pessoas se envolveram nos debates e na construção do texto final do Plano, que se tornou um momento de rediscussão do pacto federativo, cabendo aos estados a realização de conferências estaduais oficiais para a eleição de delegados dos seguimentos representados nas conferências.

A criação da Comissão Nacional da Verdade (CNV), conforme previsão do PNDH III, tinha por objetivo "[...] promover a apuração e o esclarecimento público das violações de Direitos Humanos praticados no contexto da repressão política ocorrida no Brasil [...]" (BRASIL, 2009b), em cumprimento da diretriz 23 do plano.

Mesmo com todos os limites legais, como não ter poderes para promover denúncias judiciais ou aplicar perdão ou graça, como na Comissão da Verdade da África do Sul, a Comissão Nacional da Verdade foi criada em 2011, através da Lei nº 12.528/2011, e instituída em 16 de maio de 2012, pela presidente Dilma Rousseff (BRASIL, 2011).

> *No Brasil, a criação da Comissão Nacional da Verdade (CNV), em dezembro de 2011, não escapou à diretriz da imparcialidade ou do 'desapaixonamento'. O mesmo não se pode dizer, contudo, sobre as comissões subnacionais da verdade. Mais próximas do ponto de vista das 'vítimas', elas se disseminaram no país após o lançamento da CNV, vinculadas a governos e legislativos estaduais e municipais por leis, decretos e resoluções. No domínio extra estatal, foram criadas por sindicatos, universidades e associações profissionais. (HOLLANDA; ISRAEL, 2019, p. 3).*

Cristina Buarque de Hollanda e Vinícius Pinheiro Israel, em *Panorama das Comissões da Verdade no Brasil: uma reflexão sobre novos sentidos de legitimidade e representação democrática*, publicaram alguns resultados de uma vasta pesquisa sobre Comissões da Verdade no Brasil, mostrando a complexidade desse fenômeno e estruturam um quadro de comissões da verdade criadas no país:

> *Os vários desenhos institucionais das comissões – a que corresponderam diferentes mandatos, disponibilidade orçamentária, raios e repertórios de ação – estiveram contidos no âmbito do executivo federal e de legislativos e executivos estaduais e municipais. Excetuando-se a CNV, que foi a única comissão da verdade criada por lei federal e vinculada à presidência da República, 28 delas foram criadas por leis ou decretos estaduais ou municipais e estiveram relacionadas a executivos estaduais e municipais*

> *(sendo 14 estaduais e 14 municipais) e 17 foram comissões legislativas vinculadas a assembleias estaduais e câmaras municipais (sendo 14 destas municipais, concentradas sobretudo nos estados de São Paulo e do Rio de Janeiro e apenas 4 estaduais) (HOLLANDA; ISRAEL, 2019, p. 20).*

Em vários estados da federação, este processo de criação das comissões da verdade estaduais foi decisivo para a ampliação dos debates sobre justiça de transição nas Universidades, Prefeituras, Governos de Estados e movimentos sociais, em busca da efetivação do direito à memória e à verdade.

Um precedente importante nos estados, como por exemplo em Pernambuco, a reparação formal das graves violações praticadas contra presos políticos e membros de grupos que resistiram à Ditadura Militar, foi efetivada pela Lei n° 11.773, de 23 de maio de 2000 (PERNAMBUCO, 2000), quando foram reconhecidas 425 pessoas atingidas por atos da ditadura militar em Pernambuco. Destacaram-se nesse período a Associação dos Anistiados Políticos de Pernambuco (APAPE), o Gabinete de Assessoria às Organizações Populares (GAJOP) e o conjunto de familiares de vítimas da repressão política, que atuaram em conjunto para garantia de acesso de presos políticos à justa reparação, no âmbito estadual, uma vez que a anistia política era de responsabilidade de legislação federal, mas o estado por sincronia constitucional pode também reparar de forma complementar. Vários estados efetivaram comissões de reparação, um exemplo é o Estado do Ceará que mantem sua Comissão Especial de Anistia Wanda Sidou (CEAWS), com uma agenda permanente de reconhecimento das graves violações e suas respectivas reparações. Na CEAWS, foram protocolados mais de 487 pedidos de indenizações por conta de denúncias de perseguições políticas em território cearense no período de 1961 a 1979. Até 2019, foram deferidos 285 processos, o pagamento total de R$ 7.162 milhões.

Outro escrito de Cristina Buarque, *Direitos humanos e democracia: a experiência das comissões da verdade no Brasil,* apresenta o conceito de comissionismo, o termo está diretamente relacionado ao processo de engajamento dos defensores de direitos humanos nas Comissões da

Verdade no Brasil, a importância das comissões para avançar no direito à memória e a verdade, como questões de interesse público, retirando o foco das reparações financeiras para a construção de uma série de medidas e recomendações sobre a responsabilidade do Estado.

> *Na prática, contudo, a CNV e o comissionismo tensionaram – com diferentes formas e intensidades – os discursos de reconciliação e anistia. Além de ocupar sessões públicas e relatórios parciais e finais das comissões, a denúncia da anistia – e do paradigma da reconciliação sobre o qual repousa – também tomou de improviso o debate público (HOLLANDA; ISRAEL, 2019, p. 96).*

Como prova disso, a CEMVDHC produziu uma série de informes, denominados Cadernos da Memória, e neles foram revelados documentos inéditos, necessários para entender determinados episódios e acontecimentos marcantes da ditadura em Pernambuco. As audiências públicas criaram um canal aberto e transparente à sociedade, de acesso ao direito à memória e à verdade, uma vez que vítimas eram ouvidas e seus relatos estavam abertos ao público.

Perseguindo o objetivo principal, a lei estadual que criou a CEMVDHC, descreve, no artigo 1º, a sua missão: "[...] examinar e esclarecer as graves violações de direitos humanos ocorridas contra qualquer pessoa, no território do Estado de Pernambuco, ou contra pernambucanos ainda que fora do Estado [...]" (PERNAMBUCO, 2012).

Reconhece a lei estadual que os atos investigados foram praticados pelos ex-agentes públicos estaduais, e termina o *caput* do artigo 1º afirmando a importância de sua missão: "[...] a fim de efetivar o direito à memória e à verdade histórica e promover a consolidação do Estado Democrático de Direito [...]" (PERNAMBUCO, 2012).

> *O mesmo pode-se dizer da lei federal, que criou a Comissão Nacional da Verdade, suas prerrogativas legais idênticas não contemplaram um poder judicante (SILVA, 2014, p. 159), e sim de uma atuação extrajudicial. Os objetivos legais, expostos na legislação, estão previstos no artigo 3º:*
>
> *I - esclarecer os fatos e as circunstâncias dos casos de graves violações de direitos humanos mencionados no **caput** do art. 1º;*

II - promover o esclarecimento circunstanciado dos casos de torturas, mortes, desaparecimentos forçados, ocultação de cadáveres e sua autoria, ainda que ocorridos no exterior;

III - identificar e tornar públicos as estruturas, os locais, as instituições e as circunstâncias relacionados à prática de violações de direitos humanos mencionadas no caput do art. 1º e suas eventuais ramificações nos diversos aparelhos estatais e na sociedade;

IV - encaminhar aos órgãos públicos competentes toda e qualquer informação obtida que possa auxiliar na localização e identificação de corpos e restos mortais de desaparecidos políticos, nos termos do **art. 1º da Lei nº 9.140, de 4 de dezembro de 1995;**

V - colaborar com todas as instâncias do poder público para apuração de violação de direitos humanos;

VI - recomendar a adoção de medidas e políticas públicas para prevenir violação de direitos humanos, assegurar sua não repetição e promover a efetiva reconciliação nacional; e

VII - promover, com base nos informes obtidos, a reconstrução da história dos casos de graves violações de direitos humanos, bem como colaborar para que seja prestada assistência às vítimas de tais violações (BRASIL, 2011).

Os dispositivos representaram a série de desafios com que se depararam os membros das respectivas comissões. Além do esclarecimento dos casos de tortura e graves violações, ainda eram previstas atividades como localização e identificação de corpos e restos mortais, colaboração com os órgãos de justiça para apuração dos crimes contra os direitos humanos, recomendação de políticas públicas para a não repetição e publicação de informes fundamentados em todos os elementos documentais, depoimentos e fontes disponíveis que consignassem um resgate da verdade.

1.7 A criação do Grupo de Trabalho Justiça de Transição (GTJT) no Ministério Público Federal

O Ministério Público Federal é uma instituição de Estado, garantidor da função jurisdicional do Estado, cabendo a defesa do Estado Democrático e de Direitos na efetivação dos direitos difusos e coletivos, conforme o Art. 127, CF1988 (BRASIL, 1988). Como instituição garantidora dos direitos fundamentais, coube a Câmara Criminal constituir um Grupo de Trabalho sobre o tema da Justiça de Transição.

A criação do GTJT tem como objetivo investigar matéria de graves violações de direitos humanos praticados por agentes do Estado brasileiro, entre o período de 1964 e 1985, como a finalidade de contribuir para a efetivação dos princípios do direito internacional da Justiça de Transição no país. Em parte, o órgão, com esta iniciativa, fortalece a tutela subnacional dos compromissos assumidos pelo país, bem como é um dos órgãos da Justiça Federal constitucionalmente obrigado a agir para dar cumprimento à decisão da Corte Interamericana de Direitos Humanos nas duas sentenças contra o Brasil, na temática transicional, que foram o caso dos desaparecidos da Guerrilha do Araguaia e a sentença Vladimir Herzog, que serão analisadas em outra parte da tese.

O GTJT, desde sua origem, tem organizado encontros, seminários com especialistas e doutrinadores a fim de aprofundar seu conhecimento institucional sobre os elementos da responsabilização dos agentes da ditadura militar.

Os primeiros passos do MPF (BRASIL, 2017) na busca de uma resposta criminal aos graves crimes praticados pela Ditadura Militar foram nos anos 2008 e 2009. A inciativas foi dos Procuradores da República Marlon Weichert e Eugênia Gonzaga, que protocolizaram oito notícias-crime – seis na Procuradoria Federal de São Paulo, e uma na

Procuradoria Federal do Rio de Janeiro e uma na Procuradoria Municipal de Uruguaiana (BRASIL, 2017, p. 17).

Em 25 de novembro de 2011, foi formalizada a criação do GTJT decorre das obrigações internacionais que o Brasil se submeteu diante dos tratados de direitos humanos ratificados, e pela necessidade de tutela subnacional dos atos jurídicos que implicam em responsabilização judicial dos crimes da ditadura, dialogando com o contexto Latino Americano muito bem documentado pelo Centro Internacional para a Justiça de Transição, entidade que o GTJT firmou parceria para a realização de dois wokshops internacionais e outros órgãos nacionais e internacionais.

O GTJT tem dialogado com várias realidades da Justiça de Transição no Mundo, abrindo uma consistente avaliação do quadro internacional do golpe civil-militar de 1964. Através deste conhecimento foi possível refinar mecanismos de implementação das sentenças Gomes Lund e Herzog, no âmbito do judiciário federal. Com a criação da Comissão da Verdade Nacional e suas versões estaduais, bem como a rede de comissões em Universidades e setoriais, como em movimentos sociais, o GTJT atuou acompanhando, e com a publicação dos relatórios passou a ampliar suas teses na busca da persecução penal das violações dos Direitos Humanos.

CAPÍTUO 2 - O MARCO METODOLÓGICO

2.1 Escolhas e desafios metodológicos

Ao longo dos anos de 2012 até 2017, participei ativamente da Comissão Estadual, a CEMVDHC, indicado pelo Centro Dom Helder Camara de Estudos e Ação Social (CENDHEC), Comitê da Memória, Verdade e Justiça de Pernambuco, entre outras entidades da sociedade civil. Dos nove membros titulares, a Lei Estadual que criou a Comissão previa que seis fossem a representação da sociedade civil. A experiência foi marcante, inspiradora e desafiadora. O colegiado fora formado e presidido pelo Coordenador Dr. Fernando de Vasconcellos Coelho, e todos os membros foram nomeados pelo governador de Pernambuco Eduardo Campos (PSB).

Na CEMVDHC, os membros foram divididos em dois eixos de investigação: por cada partido político clandestino que atuou em Pernambuco, no período de 1946 a 1985; e por relatorias temáticas. A legislação da Comissão Estadual permitiu a investigação das graves violações de direitos humanos praticadas contra brasileiros no estado de Pernambuco, ou contra pernambucanos em qualquer estado federado. Esta autorização garantiu recursos para que atuássemos em todo território nacional.

O trabalho teve um impulso maior pelos convênios que realizamos com a CNV e com a Comissão Nacional da Anistia do Ministério da Justiça. Desta última, tornei-me membro titular, através de portaria, no período de 2013-2016.

A titularidade conferia uma série de atribuições e responsabilidades ao colegiado, formado por membros de notório conhecimento em

Direitos Humanos, bem como, a proteção legal no papel de investigar e levantar dados e arquivos relativos às graves violações de direitos humanos.

O desafio de organizar a pesquisa sobre os desaparecidos políticos foi uma tarefa coletiva que contou com nove assessores. O corpo técnico era multidisciplinar e, com um planejamento das atividades, foi possível organizar metas e a dinâmica de monitoramento e gestão dos relatores e suas atividades.

Entre as atividades planejadas pelos relatores, esteve a pesquisa em acervos como: Arquivo Público Nacional; Arquivo Público Estadual Jordão Emerenciano de Pernambuco; Documentos entregues por familiares; pela Comissão Nacional de Mortos e Desaparecidos Políticos; Itamaraty; Processos de Reparação do Estado de Pernambuco; entre outros acervos, que foram sendo sistematizados e organizados em um grande banco de dados.

Esta documentação está disponível no portal oficial da CEMVDHC (2012), onde é possível pesquisar e baixar os documentos classificados nos respectivos acervos documentacionais, bem como no portal oficial da Companhia Editora de Pernambuco - CEPE.

Como já citado, entre os anos 2013 até 2016, também exerci o mandato de membro titular da Comissão de Anistia, foram três anos relatando processos de anistiados políticos, participando de Caravanas da Anistia, organizando, com o colegiado de conselheiros, atividades que ampliavam a política nacional de reparação, como também viabilizava acesso da Comissão Estadual da Memória e Verdade Dom Helder Camara aos acervos da Comissão de Anistia, além de troca de experiência.

Estes anos de Comissão de Anistia e os cinco anos e meio de trabalho na Comissão da Verdade Dom Helder, contribuíram para minha formação sobre o direito à memória e à verdade no Brasil e em Pernambuco. Atualmente, desde novembro de 2021, com perspectiva de conclusão em outubro de 2022, integro o Grupo de Trabalho para a efetivação do **Memorial da Democracia** que é o órgão de continuidade da Comissão da Verdade. Estas duas experiências contribuíram com o amadurecimento de uma consciência sobre os mecanismos transicionais, que discuto nesta pesquisa.

A presente pesquisa contou com essas experiências como motivadoras para o entendimento de algumas inquietações sobre a importância da política pública de memória. Destaco a preocupação com a judicialização dos ex-agentes da ditadura militar e a preocupação de analisar recentes decisões que têm marcado uma virada interpretativa no processo transicional brasileiro. Para este objetivo passarei a analisar os elementos metodológicos necessários e os desafios que a pesquisa enfrentou para uma melhor demonstração das escolhas e redirecionamentos encontrados para a finalização da tese.

2.2 Premissas

Partiu-se da premissa de que a totalidade das decisões judiciais poderiam ser obtidas pelo Sistema PJE (Processo Judicial Eletrônico) nos Sites dos Tribunais Regionais Federais, do STJ e do STF, respectivamente. Como também as iniciais de cada denúncia foram oferecidas pelo Ministério Público Federal, que disponibilizou todas as denúncias no website do Grupo de Trabalho Justiça de Transição (GTJT) (BRASIL, [2022]), e das informações contidas no relatório da Comissão Nacional da Verdade e em relatórios estaduais, como o Relatório da CMVDHC, publicados em sítios próprios ou disponibilizadas em repositórios disponíveis na internet, o que facilitou o trabalho de coleta de dados (QUEIROZ; FEFERBAUM, 2019). Tal premissa se concretizou no adequado acesso à documentação que viabilizou o atual estudo. Todos os processos estão inteiramente disponíveis no PJE e página dos respectivo Tribunal. Não houve prejuízo de acesso às decisões que formam o corpus da tese. Paradoxalmente, estas decisões foram sendo prolatadas ao longo do doutorado, que gerou, ao mesmo tempo, a possibilidade de fundamentar a tese com seus conteúdos, por outro lado, representou a necessidade de seguir com o percurso de análises que demandavam tempo e ao mesmo tempo o fim da pesquisa, em decorrência do prazo final do doutorado.

2.3 Considerações Éticas

A presente tese não tem implicações que gerem a necessidade de autorização do comitê científico e ético, por se tratar de uma pesquisa que estrutura sua metodologia sem necessitar de qualquer dado que afete a saúde individual ou coletiva de pessoas. As decisões são públicas e coletadas por meio de acesso público e aberto, disponíveis em páginas e plataformas da Justiça Federal.

2.4 Perguntas de Pesquisa

Foram formuladas as seguintes perguntas condutoras:

- Em que medida a teoria dos direitos humanos pode contribuir de forma crítica para o alargamento do direito constitucional transicional?
- Quais os desdobramentos, na esfera do judicial federal, do relatório da CNV?
- Que iniciativas o Ministério Público Federal assumiu para responsabilizar os agentes da ditadura cuja conduta foi revelada no Relatório da Comissão Nacional da Verdade?

2.5 Exploração das fontes de evidência

Em pesquisa exploratória, buscou-se a localização da totalidade das decisões ou procedimentos abertos pelo MP nos estados, esta informação passou a ser obtida por solicitação formal aos Procuradores Gerais de Justiça de todos os estados membros. Após o que, buscou-se identificar se as informações contidas no relatório da Comissão Nacional da Verdade e em relatórios estaduais como o Relatório da CEMVDHC (2012b), publicados em sítios próprios teriam sido utilizados pelo *parquet* estadual.

Dos 27 (vinte sete) estados, para os quais foi enviado o instrumento solicitando informações, apenas 13 (treze) retornaram com despachos que vamos analisar a seguir. No universo total, 4 (quatro) não enviaram nenhuma resposta, a saber: Brasília (Distrito Federal); Espirito Santo; Paraíba e Bahia.

Do total, 10 (Dez) estados retornaram com informações do protocolo, sem qualquer retorno qualitativo sobre o instrumento. Foram, eles: Goiás; Maranhão; Minas Gerais; Pará; Paraná; Pernambuco; Rio Grande do Sul. E nesta categoria ainda temos três estados que solicitaram envio da solicitação em outras plataformas de acesso à informação como Rio de Janeiro; São Paulo e Ceará, não retornando qualquer informação sobre o instrumento.

E por fim, 13 estados responderam: Acre; Alagoas; Amapá; Amazonas; Mato Grosso; Mato Grosso do Sul; Piauí; Rio Grande do Norte; Rondônia; Roraima; Santa Catarina; Sergipe e Tocantins.

Conforme recebemos o retorno do Ministério Públicos dos Estados, podemos identificar padrões nas respostas dos Procuradores Gerais de Justiça:

  a) não receberam qualquer relatório da CNV; Comissões Estaduais; Municipais e de qualquer instituição como Universidades;

67

b) como não foram informados ou não receberam qualquer documento, restou prejudicando a pesquisa;

c) não possuem qualquer procedimento aberto de natureza civil, penal ou de outra natureza.

Diante desse quadro fornecido pelos PGJ, podemos inferir um grande vazio no desenvolvimento de inciativas do Ministério Público dos Estados sobre o tema da Justiça de Transição. Os retornos, quando captados, não falam de impedimento legal para dar seguimento às recomendações da Comissão Nacional da Verdade, ou de suas respectivas comissões estaduais.

Entre os retornos oficiais, encontramos o argumento do não recebimento de nenhum arquivo, seja o relatório ou demanda, que implicasse qualquer registro em seus procedimentos como podemos constatar no retorno. O MPAC por exemplo, respondeu: "Em relação ao pleito, após pesquisa realizada nos sistemas pertinentes, não foram encontrados procedimentos/protocolos instaurados no âmbito desta Procuradoria-Geral de Justiça, oriundos das respectivas comissões [...]" (ACRE, 2021).

O mesmo retorno, com algumas alterações em seu conteúdo, encontramos nos estados federados de Alagoas, Amapá, Amazonas, Maranhão, Mato Grosso, Mato Grosso do Sul, Piauí, Rio Grande do Norte, Rondônia, Roraima, Santa Catarina, Sergipe e Tocantins.

O resultado impôs um redirecionamento da pesquisa original, que coincidiu com várias decisões sobre Justiça de Transição que foram concluídas entre os anos de 2019 e 2021 na Justiça Federal, com grande impacto na responsabilização civil e penal dos ex-agentes da ditadura militar, permitindo um outro caminho no *corpus* da pesquisa.

Ao mesmo tempo, a Pós-Graduação da Unicap associou-se à Universidade de Pernambuco (UPE), Universidade de Brasília (UnB), Pontifícia Universidade Católica do Rio de Janeiro (PUC-RIO), Observatório da Proteção dos Direitos Humanos do Centro de Antropologia e Arqueologia Forense (CAAF) da Universidade Federal de São Paulo (Unifesp),

> *Instituto Vladimir Herzog (IVH) e International Bar Association's Human Rights Institute (IBAHRI), para em conjunto, construirmos o documento: Monitoramento das Recomendações da Comissão Interamericana de Direitos Humanos ao Brasil em Matéria de Memória, Verdade e Justiça. (2020-2021). Participei como pesquisador do projeto e, ao lado de colegas do programa, desenvolvemos um diagnóstico nos estados federados acerca do prosseguimento das recomendações dos relatórios estaduais das Comissões Estaduais da Verdade.*

A pesquisa, em colaboração com outros centros de estudos sobre Justiça de Transição, contribuiu no quadro metodológico da tese e, com os ajustes necessários, diante das dificuldades encontrada no campo do Ministério Público dos Estados, saímos do âmbito Estadual para a esfera do judiciário federal. A opção não só representou um salto de qualidade, como garantiu uma amostra jurídica importante para a construção de elementos epistemológicos do conceito de justiça de transição programática.

3.6 Delineando a metodologia

A escolha pela análise de conteúdo jurídica das sentenças da justiça federal que compõe a pesquisa consolidou a tese como uma contribuição aos estudos qualitativos no campo jurídico. Em seguida, foram criadas categorias jurídicas em discussão na pesquisa, estes conceitos foram identificados nas sentenças selecionadas neste estudo (HAGUETTE, 2000).

A análise de conteúdo, no contexto da interpretação da linguagem jurídica, pressupõe um instrumental metodológico que estabelece uma tipologia capaz de identificar categorias e teses jurídicas das sentenças selecionadas (BARDIN, 1977).

Após selecionar as fontes primárias da pesquisa, as sentenças foram tratadas para uma descrição analítica do seu conteúdo (BARDIN, 1977), permitindo tratar seus fundamentos jurídicos e, através da sua análise, identificar padrões e fundamentos epistemológicos da justiça de transição programática.

A análise documental não é uma fragmentação dos elementos analíticos, mas sim a busca de uma crítica interna dos elementos argumentativos que embasam a decisão do juiz ou relator, na tomada de decisão. Nesse estudo, em homenagem aos estudos transicionais, estas teses jurídicas são associadas ao rigor de um conjunto de operações, dissecando o documento original (BARDIN, 1977).

A transformação de um documento primário, podemos dizer original, em um documento secundário [o mesmo conteúdo organizado de forma a representar o primeiro] (BARDIN, 1977) é o grande elemento criativo do método, porque amplia ao pesquisador várias possibilidades de percepção dos elementos cognitivos do escritor e, neste caso, de decisões judiciais de autores diferentes, em momentos e processos diferentes, mas associados a um padrão analítico que identifique suas semelhanças, avanços e retrocessos em relação ao objeto de estudo.

O *corpus* do trabalho é formado por decisões da Justiça Federal e de Tribunais Superiores que aplicam o controle de convencionalidade (concentrado e difuso) na aplicação da tutela multinível[22] das obrigações dos tratados de direito internacional dos direitos humanos.

As sentenças foram organizadas por fichamento de leituras, em uma ordem cronológica, com o método *Case Brief,* que consiste, em um

---

[22]Entende-se por Tutela Multinível: "O resultado desses movimentos paralelos foi a criação de um sistema multinível de proteção aos direitos humanos. O direito nacional e o direito internacional estabeleceram mecanismos complementares de proteção aos direitos humanos, cada um dotado de normas e funcionamento próprios. No âmbito desses arcabouços, tanto o sistema nacional quanto o sistema internacional se desdobram em múltiplas camadas de proteção. No âmbito doméstico, os Poderes Executivo, Judiciário e Legislativo exercem papéis distintos na proteção aos direitos humanos e, ao mesmo tempo, supervisionam um ao outro pelo sistema de *checks and balances.* Ainda no âmbito doméstico, diferentes entidades federativas detêm competências complementares que contribuem para a proteção de direitos. Completam ainda esse quadro outras instituições estatais dotadas de independência, como Instituições Nacionais de Direitos Humanos, Defensorias, Procuradorias e Conselhos participativos. " (PIOVESAN, 2021, p. 22).

registro com informações relevantes de cada decisão, agrupados por critérios predefinidos (QUEIROZ; FEFERBAUM, 2019).

Para aplicação do método de análise de conteúdo jurídico, optamos por um capítulo conceitual, descritivo dos conceitos e definições de caráter ontológico, axiológico e epistemológico. Estes marcadores foram identificados nos julgados estudados, em seguida, construímos o cruzamento dos conceitos e sua aplicação objetiva, dentro de uma sistemática jurídica (BARDIN, 1979).

Karl Larenz[23], em sua *Metodologia da Ciência do Direito,* argumenta que o método de análise das decisões tem como ponto de partida identificar, no texto, o fundamento para analisar as decisões judiciais como resultado de uma complexa relação entre o direito e a justiça:

> *Compreende-se que também um tal desenvolvimento do Direito 'superador da lei' só deva ter lugar em consonância com os princípios directivos da ordem jurídica no seu conjunto; mais: muitas vezes será motivado precisamente pela aspiração a fazer valer estes princípios em maior escala do que aconteceu na lei. (LARENZ, 2019, p. 519).*

Segundo Larenz (2019), os pressupostos teóricos para analisar o papel dos princípios constitucionais e a incidência de outros fatores (hermenêuticos e filosóficos), decisivos no ato de julgar e de consolidar uma análise, devem ser inseridos em um protocolo metodológico compatível com o desafio de construção de categorias de análise hermenêuticas e jurídicas. E nesse sentido, a tese, como um produto final, entre outras possibilidades, lança as bases iniciais para uma teoria transicional programática.

Segundo Thalita Moraes Lima e Roberto Freitas Filho[24], no texto *Metodologia de Análise de Decisões – MAD*, a análise jurídica demanda:

---

[23] Karl Larenz foi um jurista e um filósofo do Direito alemão e professor em duas universidades alemãs (Christian-Albrechts-Universität zu Kiel e Ludwig-MaximiliansUniversität München), nascido em 1903 e falecido em 1993. Suas duas obras mais conhecidas são um Curso de Direito das Obrigações e a Metodologia da Ciência do Direito (objeto desta resenha), esta publicada em 1960.
[24] Mestre/Doutor – USP. Coordenador do Curso de Direito e Professor dos Programas de Mestrado e Doutorado do UniCEUB – Brasília 2 Mestranda – UniCEUB – Brasília.

1. *Organizar informações relativas a decisões proferidas em um determinado contexto;*

2. *Verificar a coerência decisória no contexto determinado previamente; e*

3. *Produzir uma explicação do sentido das decisões a partir de interpretação sobre o processo decisório, sobre a forma das decisões e sobre os argumentos produzidos (FREITAS FILHO; LIMA, 2010, p. 7).*

Segundo Maccormick, em *Legal reasoning and legal theory*, a análise dos argumentos a partir da coerência e consistência permite obter mais dados reveladores. A análise de conteúdo revela a coerência dos argumentos, e nesse sentido, o sistema jurídico se estrutura como um todo racionalmente estruturado (MARCCORMICK, 2003).

Para Max Weber, 'sentido' é o sentido subjetivamente visado. Na sociologia weberiana, há que se compreender o sentido que cada pessoa dá a sua conduta. Por meio dessa compreensão é possível perceber a estrutura da ação (WEBER, 2004).

Souto Borges *et al.* (2014, p. 568) destacou, no pensamento e na obra de Karl Larenz, a sua compreensão sobre a tomada de decisão, quando o agente que interpreta um texto está por decidir-se entre diversas possibilidades que a interpretação confere. No caso do direito, a escolha por uma alternativa jurídica, tem que ser fundamentada pelo jurista.

Destaca-se, neste diapasão, o caráter dialético do processo decisório. No estudo, o método jurídico aplicado ao caso concreto consistiu na observação de algumas características da norma, ou seja: sua generalidade e a singularidade do caso concreto.

O processo decisório possui características jurídicas que incluem a pré-compreensão do intérprete, que nada mais é do que o conhecimento prévio que o analista tem do direito em questão e, portanto, consiste em duas acepções:

Uma em sentido positivo, o da hermenêutica, que implica no entendimento que proporciona uma orientação interpretativa inicial. É o que permite a conjectura preliminar do intérprete na busca de sentido às palavras e expressões do texto. Já em sentido negativo, como usado atualmente, pré-compreensão significa parcialidade por parte daquele que ajuíza o fato ou o texto. Numa palavra, é um pré-juízo que o jurista realiza acerca do fato ou do texto, o que envolve o próprio sistema de crenças e a cadeia de tradição. Só que, para o pré-juízo não ser obstáculo ao conhecimento, precisa de ser superado. (BORGES et al., 2014, p. 569).

A análise de conteúdo das sentenças registra valores, significados e referências doutrinárias na aplicação do Direito, mas não se limita a uma simples aplicação jurídica por subsunção da norma, mas permite inferir os espaços de construção do próprio direito, através da aplicação de conceitos pelo intérprete. No estudo, em concreto, vamos identificar uma série de aplicações que permitiram identificar a integração do direito internacional dos direitos humanos no sistema jurídico nacional, por força de uma opção mais abrangente, doutrinária e internacionalista do direito, contrapondo-se a uma visão pragmática e meramente positivista da norma, sem levar em consideração a norma e doutrinas convencionais decorrente de obrigações de que o Brasil faz parte.

2.7 Levantamento de evidências

A pesquisa no website do Grupo de Trabalho Justiça de Transição (GTJT) do MPF, evidenciou mais de 50 ações disponibilizadas para a garantia ao direito à memória e à verdade. Todas têm, em seu conteúdo, o interesse em agir na denúncia das graves violações de direitos humanos praticados na ditadura civil militar de 1964-1985. Um segundo passo foi acessar todas às sentenças disponíveis no Sistema PJE (Processo Judicial Eletrônico) e nos Sites dos Tribunais Regionais Federais, do STJ e do STF respectivamente.

As iniciativas de responsabilização dos agentes da repressão política no Brasil fazem parte de um esforço concentrado e planejado pelo MPF, através do Grupo de Trabalho sobre 'Justiça de Transição', que foi instituído por meio da Portaria nº 21 da 2ª Câmara de

Coordenação e Revisão do Ministério Público Federal (doravante 2ªCCR), de 25 de novembro de 2011.[25]

Na grande maioria das ações promovidas pelo MPF, os juízes federais entendem que os crimes estão prescritos pela interpretação do Supremo Tribunal Federal à Lei de Anistia. Contudo, algumas decisões formam precedentes importantes para analisar o quadro atual do sistema de justiça e suas leituras sobre o Direito Internacional dos Direitos Humanos.

No âmbito da Justiça Federal, pela estruturação do MPF, os parâmetros e primeiras teses para a responsabilização penal dos ex-agentes da ditadura foram estabelecidos pelo precedente do julgamento e decisão dos processos Pallano e Araújo, na 2ª CCR (BRASIL, 2014, p. 20).

O surgimento da Comissão Nacional da Verdade e das Comissões da Verdade nos estados federados, bem como a segunda condenação do Brasil na Corte Interamericana, no Caso Wladmir Herzorg vs Brasil (CORTE INTERAMERICANA DE DIREITOS HUMANOS, 2018), deram um novo impulso à persecução penal, na busca de novos elementos probatórios.

O GTJT do MPF promoveu estudos sistemáticos através do balanço das ações publicadas em uma série de Relatórios de Atuação e, nestes documentos, são apresentadas as teses institucionais inseridas na inicial das petições e refletidas nas estratégias processuais, hoje reconhecidas em pelo menos cinco ações, que incorporaram seus argumentos e são objeto da análise do presente estudo.

Alguns apontamentos são importantes em matéria de jurisdição. Para o Código Penal Militar, o militar da ativa que atente contra a vida de um civil terá que responder por seus crimes na justiça comum. Por

---

[25] Inicialmente, o GT tinha como objetivo tratar da sentença da Corte Internacional de Direitos Humanos no caso Gomes Lund vs. Brasil, diante da experiência acumulada. Passou a dar apoio jurídico aos membros que recebessem casos de graves violações de direitos humanos cometidas durante o regime militar.

outro lado, ao se tratar de crimes praticados na ditadura militar, pelos agentes que estavam em operações, clandestinas ou não, a competência é da Justiça Federal. Essa é, portanto, a jurisdição em que deve atuar o Ministério Público Federal, em relação a crimes praticados pelos ex-agentes da Ditadura Militar, conforme a Súmula nº 254 do extinto Tribunal Federal de Recursos: "Compete à Justiça Federal processar e julgar os delitos praticados por funcionário público federal no exercício de suas funções e com estas relacionadas [...]". (SÃO PAULO, 2021a).

As teses jurídicas são, na verdade, obrigação positiva do Estado brasileiro em relação aos crimes que deram causa os agentes da Ditadura. E por fim, cria-se uma saída doutrinária para a incompatibilidade entre a decisão do STF, na ADPF 153, e a sentença Gomes Lund vs Brasil, no que se refere a uma mudança de hermenêutica baseada na 'teoria do duplo controle' para benefício da sociedade, ou seja, o direito internacional e o constitucional são integrados no mesmo patamar ao se falar de dignidade da pessoa humana, as normas "[...] possuem uma dupla garantia: o controle de constitucionalidade racional e o controle de convencionalidade internacional, mesmo que a Lei de Anistia seja considerada constitucional, os seus efeitos também precisam ser objeto do controle de convencionalidade [...]" (BRASIL, 2014, p. 58). Qualquer repositório que contrarie um tratado ratificado, neste caso, seus efeitos são nulos diante do direito internacional, que neste caso recepcionado também tem seus efeitos modulados pelo controle de convencionalidade.[26]

Em suas petições, o MPF fundamentou os aspectos doutrinários do crime de desaparecimento forçado como crime imprescritível e insuscetível de graça ou anistia. Como bem apresentou, os elementos de prova selecionados pelo esforço metodológico e técnico de equipes que

---

[26] O Controle de Convencionalidade – o controle de convencionalidade concentrado é entendido como a verificação da compatibilidade das normas locais diante das normas internacionais de direitos humanos, não pela via judiciária interna, mas por mecanismos para fazer-se cumprir obrigações internacionais (LEGALE, 2021, p. 131).

se dedicam ao desenvolvimento institucional da mais alta competência de um órgão nacional, como o parquet federal.

A tese apresenta outro aspecto através da sistematização dos elementos doutrinários e dogmáticos, é construir uma interpretação jurídica da transição brasileira à luz do constitucionalismo multinível, que implica em mecanismos subnacionais de efetivação das obrigações assumidas pelo país, e buscou interpretar o quadro de violações que a não efetivação dos direitos humanos significa, em uma transição programática, como será objeto de análise mais adiante, mas implica em considerar os direitos internacionais, no contexto de uma transição, como garantias fundamentais indisponíveis ao Estado Nação.

É importante ressaltar que os casos apresentados possuem características graves, objeto de relatos de várias comissões de Estado e da CNV. E que produziram seus relatórios e elementos de prova de forma legal e sem conotação revanchista ou de natureza arbitrária. Os denunciados são agentes que promoveram crimes de lesa humanidade conhecidos pelas consequências de seus atos de tortura, fraude documental, sequestros, assassinatos políticos, entre outros crimes que serão objeto na análise das sentenças.

Juridicamente, a responsabilidade por danos coletivos e suas consequências na esfera cível também foi levantada pelo Ministério Público, para dar seguimento à responsabilização dos agentes na esfera do que já se tem de doutrina administrativa e, como consequência, da proteção ao Estado de Direito.

A hipótese inicial defendida por esta Tese situa-se na recepção pelo judiciário federal do arcabouço teórico do direito internacional dos direitos humanos, do constitucionalismo multinível e nos relatórios das Comissões da Verdade (nacional e dos estados federados), elementos que são a causa do reconhecimento da imprescritibilidade dos crimes contra a humanidade. Trata-se de uma hermenêutica de controle de convencionalidade da Lei da Anistia, que rompe definitivamente o impedimento constitucional das ações de natureza penal e civil de danos coletivos. Desta forma, elimina possíveis barreiras na responsabilização dos crimes praticados pelos agentes, em matéria de desaparecimento forçado, por ser um crime permanente e múltiplo, em matéria de direitos humanos. Há, portanto, uma resposta, mesmo que tardia, mas vibrante, ao desmonte das políticas de memória no Brasil e em dessabor dos movimentos de direita, que reivindicam bandeiras revisionistas, no sentido de negar a própria existência da ditadura militar. São novos horizontes jurídicos que se abrem em processos de judicialização ao modelo de justiça de transição programática, que adotamos.

A hipótese bastou comprovada através do estudo e análise do conteúdo das sentenças, que formam o corpus jurídico da tese apresentada, mas mesmo nelas, principalmente nas decisões colegiadas, são também identificados no estudo os argumentos contrários as teses doutrinárias defendidas pelo Ministério Público Federal, demonstrando que se trata de um fenômeno em curso, ainda em desenvolvimento doutrinário e cultural.

O resgate da hipótese é necessário para seguirmos no escopo da tese para que os casos apresentados correspondam à responsabilização dos agentes da repressão, como descrito no objetivo central da presente pesquisa. Conforme demonstrado, a hipótese resiste, na medida em que do próprio confronto dos argumentos e variáveis de forma sistemática nas ações analisadas como consequência dos precedentes estudados, mas ainda seria prematuro afirmar que estão de todo superadas as teses conservadoras que impedem o seguimento de outras ações penais de igual relevância que venham a ser objeto de futuros estudos.

Pesquisei sentenças que tiveram teses do Ministério Público Federal aceitas, cuja base decisória garante a efetividade, em casos concretos, nos anos de 2014-2021, na Justiça Federal. O critério para escolha desse intervalo se deu pelo período de encerramento do trabalho da Comissão Nacional da Verdade até o prazo final para coleta de dados para esta pesquisa de tese, no final do ano de 2021.

Este recorte propiciou analisar cinco decisões que representam marcos importantes de superação e até mesmo de reviravolta na recepção da jurisprudência internacional, sintonizados na hermenêutica constitucional multinível em direitos humanos, e seus elementos decisórios ajudam a formular o conceito de uma justiça transicional programática, como descreveremos.

Elegemos algumas perguntas necessárias para identificar meta dados comuns aos documentos primários, delineando, na decomposição do documento, o método do Case Brief. Como já apresentado anteriormente, os critérios já haviam sido predefinidos, nesse estudo os elementos constitutivos da responsabilização dos ex-agentes da repressão.

2.8 Análise do material

Cada decisão representou um caso concreto e, pela pesquisa, optamos por aprofundar a especificidade de cada uma, além de contextualizar o caso, para uma compreensão histórica e jurídica das fontes. Dados gerais foram pesquisados em uma sistemática de coleta de informações qualitativas e da revisão da literatura especializada.

O fichamento dos documentos primários seguiu uma estrutura que consiste:

a) informações gerais do processo: número do processo; nome da(s) vítimas; nome dos acusados; uma sessão com o resumo do caso (conforme fornecido na própria peça) ou do voto do relator (quando decisão de um tribunal), identificação de dados processuais disponíveis no documento, seja na inicial ou artigos escritos já na pesquisa sobre os casos;

b) principais argumentos utilizados pelo órgão julgador (caso colegiado – quando necessário descriminou-se os argumentos dos outros componentes do julgado);

c) farto acervo probatório sobre o caso. Nesse campo, procurou-se identificar os aspectos jurídicos da prova e sua importância no processo transicional;

d) da inconvencionalidade da Lei 6.683/79 (Lei de Anistia) e a teoria do duplo controle. Alternativa que se vislumbra para uma transição programática no Brasil;

e) aplicação da doutrina internacional dos direitos humanos. Este espaço é extremamente importante, porque significa um salto qualitativo no processo transicional brasileiro. E representa uma aplicação correta do direito internacional dos direitos humanos;

f) informações contidas sobre as comissões da verdade (CNV ou Estaduais). Neste campo, buscou-se consolidar o que na pesquisa original pensamos em identificar: a judicialização dos relatórios. O que identificamos com este campo são elementos que colaboram para a construção do conceito de justiça de transição programática, pelo caráter extrajudicial de suas conclusões, mas que são utilizadas como parte da argumentação jurídica do caso.

Estas categorias agrupam a fragmentação das fontes primárias (sentenças), em seguida, após classificação, os conteúdos foram metodologicamente, ponto a ponto associados ao estudo doutrinário de cada assunto, gerando uma reflexão jurídica sobre o fichamento que possibilitou identificar teses e construções jurídicas aplicadas nas sentenças, conforme análise qualitativa das decisões judiciais apresentada no capítulo 8 ANÁLISE QUALITATIVA DAS DECISÕES JUDICIAIS PESQUISADAS.

CAPÍTULO 3 - CRIMES CONTRA A HUMANIDADE NO DIREITO INTERNACIONAL

3.1 O direito internacional dos direitos humanos e a tutela multinível

O direito internacional tem suas raízes no desenvolvimento das relações internacionais dos países através de tratados, convenções e do costume dos povos. A denominada *Pax Romana* marcou a Europa com o desenvolvimento do direito comum medieval e, nele, o crescimento do Papa como mediador das relações diplomáticas no mundo europeu.

Séculos de conflitos religiosos e o surgimento do capitalismo romperam o contrato feudal, surgindo uma nova era, a modernidade: e nela a ideia do contrato social e da separação dos poderes, como legados da Revolução Francesa.

O desenvolvimento de novas relações econômicas e mercantis promoveram séculos de colonialismo, impactando em profundas desigualdades entre o continente Europeu e os povos 'ocupados' pela sua expansão econômica e política.

O desenvolvimento de novas relações de produção na Europa fez o continente e suas principais potências mudarem sua política em relação aos escravizados, abrindo caminho para conflitos locais, como os movimentos de libertação das antigas colônias nas Américas.

O novo ciclo econômico de industrialização marcou o capitalismo global através da necessidade de outras fontes de energia e insumos. A geopolítica Europeia mudou na velocidade dos acontecimentos que fizeram surgir duas grandes guerras mundiais. Em nenhuma delas o direito internacional conseguiu mediar os problemas que fizeram eclodir conflitos sem precedentes na história da humanidade.

Muito se fala do fracasso da Liga das Nações, como um instrumento e associação de países, que não conseguiu impedir a Segunda Guerra Mundial, mas é preciso entender os limites de tal organização. Primeiro, o limite de suas características: o quadro associativo era restrito, formado por uma maioria de antigos países colonialistas, ditando aos países recém surgidos, por lutas de libertação e independência, como deveriam lidar com seu futuro econômico. Em segundo lugar, não possuía instrumentos de direito, nem mesmo uma base jurídica sólida que permitisse uma ação preventiva ou proativa.

O fim da Segunda Guerra ainda marcou o surgimento da guerra suja, praticada pelo Estado Nação contra seus civis, o holocausto como política pública de eliminação em massa de milhares de judeus inocentes e outros acontecimentos de brutal violência formaram a consciência global da necessidade de um organismo real e efetivo para promoção da paz e da cultura de não violência.

Surgiram, no final da Segunda Guerra, as condições políticas para a criação da Organização das Nações Unidas – ONU, tendo como missão dar um basta ao flagelo de intolerância que permitiu deflagrar no mundo dois conflitos globais, em um curto intervalo de tempo. Entre as principais pautas, o surgimento da ameaça de uma guerra nuclear.

Os países e seus líderes afirmaram que a ética pública precisava ser marcada pela superação do colonialismo e suas consequências, através da Declaração Universal dos Direitos Humanos. Um documento internacional, à luz de uma base legal capaz de fortalecer os povos e seus interesses na busca pela paz.

Historicamente, a tipificação de crimes contra a humanidade tem sua origem no Tratado de Sèvres, de 10 de agosto de 1920, acordo de paz entre o Império Otomano (Turquia) e os Aliados, após a Primeira Guerra Mundial. Neste documento, o governo Turco obrigava-se a entregar aos países aliados, para julgamento, os responsáveis pelos massacres e hostilidades contra os opositores do antigo Império que sofreram perseguições. Destaca-se o massacre dos Armênios, como um dos capítulos mais cruéis da história contemporânea, que necessitava de uma reparação.

Outros marcos importantes: a 'Carta de Londres' (DIREITOS HUMANOS NA INTERNET, 2022)[27] e a criação dos tribunais militares internacionais de Nuremberg e do Extremo Oriente, marcaram a necessidade de tratados mais específicos e de organismos permanentes, para consolidação de um direito internacional dos direitos humanos.

No Estatuto do Tribunal de Nuremberg, pela primeira vez, formalizou-se a conduta em relação aos crimes contra a humanidade, conforme o art. 6, (c): os *Crimes Contra a Humanidade*, delineados como o assassinato, extermínio, escravização, deportação e outros atos desumanos cometidos contra qualquer população civil, antes ou durante a guerra, bem como as perseguições políticas, raciais e religiosas (SANTOS; ALMEIDA, 2020, p. 49).

O conceito de crimes internacionais contra a humanidade foi ampliado com a criação da Organização das Nações Unidas (ONU), mais especificamente, do Tribunal Penal Internacional - TPI, pelo Estatuto de Roma, conforme prevê no seu art. 5:

> 1. *A competência do Tribunal restringir-se-á aos crimes mais graves, que afetam a comunidade internacional no seu conjunto. Nos termos do presente Estatuto, o Tribunal terá competência para julgar os seguintes crimes: a) O crime de genocídio;* **b) Crimes contra a humanidade;** *c) Crimes de guerra; d) O crime de agressão (BRASIL, 2002b, grifo nosso).*

O fortalecimento de um sistema internacional de direitos humanos implica em reconhecer a dignidade humana como maior e principal bem jurídico a ser protegido internacionalmente. Os países signatários do

---

[27]Carta de Londres, de 08 de agosto de 1945. Acordo do Governo dos Estados Unidos da América, Governo Provisório da República Francesa, o Governo do reino Unido da Grã-Bretanha e da Irlanda do Norte e o Governo da União das Repúblicas Socialistas Soviéticas para processar e punir os maiores crimes de guerra do Eixo Europeu Considerando que as Nações Unidas, de tempos em tempos, emitiu declarações de sua intenção de que os Crimes de Guerra deveriam ser submetidos a julgamento.

Estatuto de Roma fortalecem um novo horizonte de justiça internacional com a possibilidade de responsabilização penal do agente e da ordem de comando de crimes contra a humanidade.

René Urueña, da *Universidad de los Andes*, no texto *Proteção Multinível dos Direitos Humanos na América Latina? Oportunidades, Desafios e Riscos,* defende que o sistema dos tratados é regido sob o princípio da subsidiariedade com o sistema internacional, em respeito à proteção constitucional de cada país, em muitos casos resultado do esforço de unificar um pacto social interno e os compromissos internacionais através da "[...] combinação de duas ferramentas analíticas: (a) a diferenciação entre monismo e dualismo, e (b) uma visão de forma piramidal ('kelseniana', se preferir) das fontes do sistema jurídico nacional [...]". (URUEÑA, 2014, p. 22).

A metodologia da proteção multinível dos direitos humanos significa redistribuir o poder institucional entre os órgãos subnacionais. Os juízes e tribunais têm assumido uma proteção mais efetiva da democracia constitucional, quando baseados no conhecimento do direito internacional dos direitos humanos. Nos precedentes que formam o corpus desta tese, identificamos resultados eficazes na jurisdição constitucional e convencional na aplicação do sistema de justiça subnacional.

O modelo multinível consiste ainda na formalização de um direito emancipatório através da autonomia dos sujeitos que são seus jurisdicionados, e, com este dever ser, passa-se a desempenhar uma espécie de ativismo pró sociedade, na promoção de espaços extrajudiciais de mediação, como audiências, eventos, movimentos de concertação e diálogo entre diferentes esferas e atores sociais, como a criação de planos nacionais de direitos humanos. (URUEÑA, 2014, p. 29).

A consolidação do reconhecimento da norma constitucional como norma superior, estrutura um sistema jurídico democrático, associado a uma concepção de soberania nacional como elemento constitutivo da nação, enquanto aspiração jurídica da aplicação do estado de direitos e não mais uma concepção restrita de pacto político, onde a norma surge do trono do Rei.

Na ordem democrática, o constitucionalismo segue em sua busca diária por ampliação de direitos, fortalece ideias e o pluralismo de concepções e identidades, homenageia-se a diversidade. Esta visão eclética também influencia o direito, aproximando os povos e suas experiências. Surgem, então, os diversos elementos contratuais agora multiplicados em diferentes ordens normativas nacionais que passam a interagir nos tribunais na construção de um projeto civilizatório.

Os sistemas de justiça e suas múltiplas alçadas e jurisdições não são meros reprodutores da jurisprudência vinculativa internacional, precisam se abrir para um diálogo transnacional enriquecendo-se, de igual maneira, a sociedade, e sua visão sobre o próprio conteúdo material do constitucionalismo, aprimorando a tomada de decisões. Nesta troca de conhecimentos, e da experiência dos povos, a comunidade internacional, e em particular, a nossa interamericana, ultrapassa os limites ideológicos de suas fronteiras (URUEÑA, 2014, p. 38).

Neste diálogo, o método do constitucionalismo comparado permite trilhar soluções a questões constitucionais enfrentadas por diversos tribunais e juízes que, lapidando o direito internacional, passam a usufruir de paradigmas e teses jurídicas consolidadas em diferentes jurisdições. Outro aspecto desse diálogo transnacional é o perfil cosmopolita que os juízes passam a desempenhar, integrando-se em redes, fóruns e academias, que enraízam a necessidade do diálogo como fronteira civilizatória de um direito em constante transformação (URUEÑA, 2014, p. 39).

A centralidade do método de tutela multinível se dá pela necessidade dos entes subnacionais de se responsabilizar pelo cumprimento imediato dos elementos normativos internacionais. A norma internacional está para o sistema interno de cada país como norma superior, em se tratando de direitos humanos. É preciso naturalmente respeitar os tempos processuais e legislativos para que processe a recepção dos tratados e convenções.

3.2 Características dos crimes contra a humanidade

O sistema penal interno de cada país, pela própria natureza do direito penal, atua em um sistema redistributivo e de ressocialização dos danos penais praticados contra a sociedade. Já no sistema de tratados e da tutela multinível há o reconhecimento de que determinados crimes transcendem o caráter nacional.

Sua crueldade e repercussão internacional colocam em risco princípios básicos da vida comum, e suas características afetam a ideia força de solidariedade entre os povos. Esta epistemologia da dignidade humana é uma conquista da gramática dos direitos humanos, na medida em que não é aceitável a violência estatal contra os indivíduos de uma etnia, grupo social ou parte dele, através de políticas segregacionistas, eugenistas e de violência sistemática em função de diferenças políticas.

Os crimes comuns são típicos do sistema de codificação das condutas criminalizadas, diante dos limites postos no rol de direitos e garantias fundamentais de cada país. Em paralelo, os crimes contra a humanidade, são tipos e condutas previstos no Estatuto de Roma (MARX, 2014).

A tutela do direito subjetivo penal visa garantir o bem jurídico da vida, no direito internacional, o crime contra a vida pode assumir uma dimensão sobre o qual o crime é praticado por agentes do Estado ou em nome do aparato estatal, tornando o delito uma agressão à dignidade humana e os direitos fundamentais, por configurar-se em um ataque sistemático e generalizado contra um grupo social da população civil. Como podemos observar no Art. 7º do Estatuto de Roma, que define os crimes contra a humanidade

> *Art. 7º do Estatuto de Roma:*
>
> *1. Para os efeitos do presente Estatuto, entende-se por 'crime contra a humanidade', qualquer um dos atos seguintes, quando cometido no quadro*

de um ataque, generalizado ou sistemático, contra qualquer população civil, havendo conhecimento desse ataque:

a) Homicídio;

b) Extermínio;

c) Escravidão;

d) Deportação ou transferência forçada de uma população;

e) Prisão ou outra forma de privação da liberdade física grave, em violação das normas fundamentais de direito internacional;

f) Tortura;

g) Agressão sexual, escravatura sexual, prostituição forçada, gravidez forçada, esterilização forçada ou qualquer outra forma de violência no campo sexual de gravidade comparável;

h) Perseguição de um grupo ou coletividade que possa ser identificado, por motivos políticos, raciais, nacionais, étnicos, culturais, religiosos ou de gênero, tal como definido no parágrafo 3o, ou em função de outros critérios universalmente reconhecidos como inaceitáveis no direito internacional, relacionados com qualquer ato referido neste parágrafo ou com qualquer crime da competência do Tribunal;

i) Desaparecimento forçado de pessoas;

j) Crime de apartheid;

k) Outros atos desumanos de caráter semelhante, que causem intencionalmente grande sofrimento, ou afetem gravemente a integridade física ou a saúde física ou mental. (BRASIL, 2002b, grifo nosso).

O termo 'generalizado' está associado ao quantitativo de pessoas atingidas pela conduta e amplitude. O termo 'sistemático' se refere à existência de uma política pública, planejamento ou organização de um plano que possibilite a realização dos crimes apontados no art. 7º do Estatuto de Roma (MARX, 2014).

O direito internacional consolidou o conceito de crimes contra humanidade ao reconhecer a necessidade de proteger a população civil, especificamente das agressões e violência descabida do Estado, por força de escolhas políticas e ideológicas de políticas de Estado. Em regra, há uma ruptura da ordem constitucional, mesmo quando em tempo de paz (MARX, 2014), de forma velada ou explícita, atentando contra pessoas que o Estado Nação deveria proteger.

O princípio da legalidade é a base para a democracia, mas quando a ordem estabelecida atinge a dignidade de uma população, a sua vulnerabilidade afeta os povos. A resistência interna à doutrina da proteção internacional dos direitos humanos, ocorre justamente pela autoproteção que os agentes estatais de regimes ditatoriais buscam em função de seus crimes. Nesta autodefesa, formulam, em muitos casos, uma "legalidade autoritária", como bem definiu Anthony Pereira, que é uma postura instrumental de justiça, que existe apenas para dar uma aparência democrática ao regime (PEREIRA, 2010, p. 36).

3.3 Imprescritibilidade

A Convenção sobre a Imprescritibilidade dos Crimes de Guerra e dos Crimes contra a Humanidade, adotada pela ONU através da resolução nº 2.391 em 29 de novembro de 1968, afirmou pela primeira vez o conceito de 'imprescritibilidade dos crimes contra a humanidade'. Em seus 11 artigos, o tratado visa dificultar que crimes de guerra e crimes contra a humanidade fiquem impunes, reagindo a leis penais de direito interno que buscam a prática da auto anistia ou as prescrições de crimes de lesa humanidade.

O artigo 1º da Convenção consigna que são imprescritíveis os seguintes crimes:

> *§1. Os crimes de guerra, como tal definidos no Estatuto do Tribunal Militar Internacional de Nuremberg de 8 de agosto de 1945 e confirmados pelas resoluções nº3 (I) e 95 (i) da Assembleia Geral das Nações Unidas, de 13 de fevereiro de 1946 e 11 de dezembro de 1946, nomeadamente as "infrações graves" enumeradas na Convenção de Genebra de 12 de agosto de 1949 para a proteção às vítimas da guerra;*

§2. Os crimes contra a humanidade, sejam cometidos em tempo de guerra ou em tempo de paz, como tal definidos no Estatuto do Tribunal Militar Internacional de Nuremberg de 8 de agosto de 1945 e confirmados pelas Resoluções nº3 (I) e 95 (i) da Assembleia Geral das Nações Unidas, de 13 de fevereiro de 1946 e 11 de dezembro de 1946; a evicção por um ataque armado; a ocupação; os atos desumanos resultantes da política de "Apartheid"; e ainda o crime de genocídio, como tal definido na Convenção de 1948 para a prevenção e repressão do crime de genocídio, ainda que estes atos não constituam violação do direito interno do país onde foram cometidos. (DIREITOS HUMANOS NA INTERNET, [202-]).

Os países, em fórum e documentos internacionais, já consideravam, mesmo antes do tratado, a imprescritibilidade dos crimes contra a humanidade por decorrência do costume internacional[28], ou seja, uma das fontes do direito internacional, que se evidencia na recorrente prática de uma conduta não regulada por um tratado, mas aceito por sua força moral, ética e tradição, conforme o direito público internacional (MARX, 2014).

A Convenção de Viena entende que seus dispositivos são de aplicação imediata (*jus cogens*), desta forma mesmo que não ratificado, como trata-se de costume internacional, sua eficácia é plena e imediata, entendimento doutrinário que homenageia a dimensão consuetudinária do direito internacional (MARX, 2014).

---

[28] O conceito de costume internacional pode ser identificado no art. 38 (1) (b) do Estatuto da Corte de Haia, trata-se de uma espécie de norma formada pela reiterada prática dos sujeitos do Direito Internacional, consiste, portanto, numa 'prática geral aceita como sendo o direito'.

3.4 Desaparecimento forçado

O desaparecimento forçado de pessoas marcou uma das práticas mais nefastas das ditaduras na América Latina. Em vários regimes ditatoriais, os opositores políticos são perseguidos, presos e assassinados. Para impedir uma investigação e as provas das torturas e sevícias, o corpo é destruído ou desaparecido. A sistemática de violações, nesse tipo de crime, consiste em sequestros forçados e locais clandestinos, repletos de 'equipamentos' de tortura. Em alguns casos, a vítima não resiste e seu corpo é levado para ser 'desovado' em lugar incerto e não público.

O resultado dessa conduta é uma assinatura de terror por parte dos regimes, que na América Latina, ainda atuaram em colaboração, através da Operação Condor, gerando um clima de medo e terror na população civil (MARX, 2014).

O desaparecimento forçado, em sua complexidade, surgiu, como vimos, para não deixar vestígios dos crimes de lesa humanidade. A jurisprudência internacional passou a consagrar o caráter permanente do crime a partir da Convenção Interamericana sobre Desaparecimento Forçado de Pessoas, de 1994, ao ponto de só reconhecer a contagem do prazo prescricional, depois de localizada a pessoa ou esclarecido o assassinato de pessoa detida em decorrência dos regimes ditatoriais (MARX, 2014).

Este entendimento, consagrado na Corte Interamericana, conseguiu, em diversos pronunciamentos, responsabilizar os países pelas graves violações de direitos humanos, mesmo após a ratificação dos tratados de direitos humanos, pelos Estados. Em muitos casos, como o brasileiro, entendia-se a data da ratificação como data início da jurisdição dos casos de desaparecimento forçado. Mas a jurisprudência entendeu que, como trata-se de crime continuado e múltiplo contra os direitos humanos, a responsabilidade objetiva do Estado Nação está em entregar aos familiares informações e os restos mortais dos desaparecidos políticos.

Não ocorre a prescrição para os crimes de desaparecimento forçado e de sequestro. Estando à vítima privada de sua liberdade e até mesmo em caso de sentença reconhecendo a presunção de morte, e sem terem sidos os restos mortais encontrados, não há fluência dos prazos prescricionais, conforme descrito por Baldi (2011).

Defender o argumento da imprescritibilidade no contexto dos crimes praticados durante o período da repressão militar significa a necessidade de verificação da ocorrência da prescrição em cada crime, de acordo com o controle difuso de constitucionalidade. No entendimento de Fávero (2009, p. 214): "[...] o sistema de Justiça brasileiro não reconheceu, até agora, o conceito de crime contra a humanidade [...]".

Existe uma resistência do direito nacional de reconhecer que os corpos das vítimas da ditadura militar foram destruídos para por fim em vestígios de torturas e sevícias de toda espécie, nos casos de ocultação do cadáver em decorrência do desaparecimento forçado. Estes crimes são tipificados como crimes permanentes, pelo fato de sua conclusão ser impossível, enquanto não localizado os restos mortais. Nestes casos não se pode estabelecer um prazo prescricional e nem mesmo de anistia aos seus responsáveis. Os efeitos penais neste caso se prolongam no tempo, porque a consumação ainda está em andamento. E, no caso brasileiro, este entendimento se aplica a mais de uma centena de casos, vítimas de estruturas clandestinas operadas com recursos públicos e agentes do Estado.

A implantação dos mecanismos da Justiça de Transição no Estado Democrático brasileiro, no que tange a apuração dos graves crimes de violação de Direitos Humanos ocorridos na época do regime de exceção, deve necessariamente incluir a persecução penal em relação aos crimes contra a humanidade.

O cenário de crimes contra humanidade, cujo conceito é vigente desde o Tribunal de Nüremberg (1945), ratificado pela Assembleia Geral da Organização das Nações Unidas em 1946, tem como características inerentes à imprescritibilidade e não sujeição a autoanistias. Para Fávero (2009, p. 214), "Foram crimes praticados por autoridades, agindo em nome do Estado e, em larga escala, num padrão de perseguição a toda pessoa ou grupo suspeito de divergir do governo militar [...]". São crimes de Estado, em que acontecem graves violações de direitos humanos.

A partir da definição dos princípios de Nüremberg, são passiveis de punição os crimes contra a paz, os crimes de guerra e os crimes contra humanidade. No entendimento de Borges (2012, p. 112-113, grifo do autor):

> *Os crimes contra a humanidade foram conceituados como 'o assassinato, o extermínio, a escravidão, a deportação e qualquer outro ato inumano contra a população civil, ou a perseguição por motivos religiosos, raciais ou políticos, quando esses atos ou perseguições ocorram em conexão com qualquer crime contra a paz ou em qualquer crime de guerra'. Dessa forma, em 1950, os Princípios de Nuremberg já haviam sido aprovados pela assembleia Geral das Nações Unidas, o que lhes confirmaria o **status de jus cogens**, ou seja: o **status** de norma imperativa de direito internacional nesse momento da proibição dos crimes de lesa humanidade. Segundo o art. 53 da Convenção de Viena sobre o Direito dos Tratados, o jus cogens é uma norma imperativa de direito internacional geral, aceita e 'reconhecida pela comunidade internacional dos Estados como um todo, como norma da qual nenhuma derrogação é permitida e só pode ser modificada por norma ulterior de Direito Internacional geral da mesma natureza'.*

Nesse sentido, as normas de *jus cogens* devem ser vistas como universais e superiores a quaisquer tratados ou costumes internacionais, e superiores inclusive ao próprio Direito Internacional Público. Em 2008, o Supremo Tribunal Federal adotou a tese da supralegalidade dos tratados, em oposição à jurisprudência anteriormente dominante. Os tratados sobre direitos humanos então vigentes no Brasil possuem valor supralegal, estando acima das leis ordinárias, mas abaixo da Constituição. Conforme descrito por Gomes e Mazzuoli (2011, p. 63):

> *Até 2008, nosso direito produzido pelo constituinte e pelo legislador ordinário só reconhecia hierarquia superior para as normas constitucionais. Depois de 2008 apresentou-se no direito brasileiro uma nova (e totalmente renovada) pirâmide jurídica, em que na base continuam as leis ordinárias,*

> *mas que acima dessa base encontra - se os tratados internacionais de direitos humanos ratificados pelo Estado e em vigor no País.*

Nesse entendimento, a Lei de Anistia brasileira estaria revoga pela Convenção Americana de Direitos Humanos. Nenhuma outra decisão, contudo, deixou mais explícita a necessidade de fazer prevalecer a norma internacional mais favorável. Nesse diapasão, Meyer (2012, p. 47-48, grifo do autor) afirma:

> *Nenhuma outra decisão, contudo, deixou mais explícita a necessidade de fazer prevalecer à norma internacional mais favorável ('princípio internacional **pro homine')** que o julgamento do Recurso Extraordinário nº 466.343/SP. Ao decidir a respeito da impossibilidade de prisão civil do depositário infiel no Brasil, ante a antinomia entre as normas do Art. 5º, inc. LXVII, da Constituição e do art. 7º, do Pacto de San José da Costa Rica – assim como ao art. 11 do Pacto Internacional dos Direitos Civis e Políticos -, o Supremo Tribunal Federal deu prevalência às normas internacionais.*

Os crimes de tortura, desaparecimentos forçados, ocultação de cadáver, que foram cometidos por agentes do Estado, em um contexto sistemático e generalizado, ou a perseguição contra parcela da população civil, são considerados crimes contra a humanidade, e por isso seus praticantes devem ser responsabilizados, apesar do tempo transcorrido, conforme descrito por Borges (2012), no entendimento de Meyer (2012, p. 46-47):

> *A segunda razão que levaria a que se reconhecesse a imprescritibilidade de crimes contra a humanidade no contexto brasileiro está presente no que se tem chamado de 'monismo internacionalista de direitos humanos'. A efetividade do Direito Internacional dos Direitos Humanos depende da superação de qualquer posição de caráter dualista (Karl Heinrich Tripel), assim como de um monismo nacionalista, defendendo – se um monismo internacionalista (Hans Kelsen) no caso brasileiro, isso se torna ainda mais claro com a incorporação definitiva da Convenção de Viena sobre o Direito dos Tratados com o Decreto nº 7.010/2009 (art. 27).*

É com essa convicção que são analisadas as sentenças do corpus da tese, trata-se de consolidar o entendimento da doutrina internacional da justiça de transição que não deixa margem para a impunidade. O país, ao retificar tratados de direitos humanos, obrigou-se ao cumprimento de seus dispositivos e garantias. E conforme o Art. 5; § 2º, o rol dos direitos e garantias não é taxativo, pois integra-se outras garantias "[...] decorrentes do regime e dos princípios por ela adotados, ou dos tratados internacionais em que a República Federativa do Brasil seja parte [...]" (BRASIL, 1988).

CAPÍTULO 4 - DECISÕES DA CORTE INTERAMERICANA DE DIREITOS HUMANOS SOBRE O BRASIL

4.1 Decisões da Corte Interamericana contrárias ao Brasil sobre justiça de transição

A discussão sobre a abrangência da Lei de Anistia brasileira veio à tona quando a Comissão e a Corte Interamericana julgaram os países do Cone Sul, invalidando leis de anistias que impediam as vítimas de terem acesso à justiça e à verdade sobre o passado. Conforme Piovesan (2011, p. 74):

> *A região latino-americana tem sido caracterizada por elevado grau de exclusão e desigualdade social ao qual se somam democracias em fase de consolidação. A região ainda convive com reminiscências do legado de regimes autoritários ditatoriais [...] com uma cultura de violência de impunidade, com a baixa densidade de Estados de Direitos e com a precária tradição de respeito aos direitos humanos no âmbito doméstico. [...] É nesse cenário que o sistema interamericano se legitima como importante e eficaz instrumento para proteção dos direitos humanos, quando as instituições nacionais se mostram falhas ou omissas.*

O Sistema Interamericano é composto pela Comissão Interamericana de Direitos Humanos e pela Corte Interamericana de Direitos Humanos. A Corte sendo um órgão jurisdicional apresenta competência consultiva e contenciosa. O Estado Brasileiro reconheceu a competência por meio do Decreto Legislativo n. 89, de 03/12/98. Segundo Ramos (2011, p. 224): "O artigo 62 da Convenção Americana de Direitos Humanos estabelece que um Estado - parte da Convenção Americana de Direitos Humanos deve aceitar expressamente a jurisdição obrigatória da Corte, através de declarações específicas [...]".

O instrumento de maior importância no Sistema Interamericano é a Convenção Americana de Direitos Humanos, também denominado Pacto San José da Costa Rica[29]. Segundo Comparato (2013, p. 379):

> *O Brasil aderiu à convenção por ato de 25-9-1992, ressalvando, no entanto, a cláusula facultativa do art. 45, 1°, referente à competência da Comissão Internacional de Direitos Humanos para examinar queixas apresentadas para outros Estados sobre o não cumprimento das obrigações impostas pela Convenção, bem como a cláusula facultativa do art. 62, 1°, sobre a jurisdição obrigatória da Corte Interamericana de Direitos Humanos [...].*

Assim, é no sentido de utilizar estratégias de reparações que a justiça de transição busca atingir os interesses e direitos das vítimas, como dos sobreviventes, e dos familiares das vítimas. No entendimento de Borges (2012, p. 29), "Esse enfoque passou a existir no final dos anos 80 e início dos anos 90, em resposta às mudanças políticas e demandas por justiça na América Latina e na Europa Oriental [...]".

Os governos de países signatários do Pacto de São José, assumem o compromisso internacional em não tolerar o crime de desaparecimento de indivíduos, pelo aparato de segurança pública do Estado, ou mesmo por grupos milicianos fora da gestão do Estado. Caso ocorra tal conduta, pratica-se grave violação aos direitos humanos, conforme o Artigo 7° da Convenção Americana. Segundo entendimento de Piovesan (2012, p. 30), "[...] ainda que não possa demonstrar que seus agentes sejam responsáveis por tais desaparecimentos, já que o Governo, embora capaz, falhou em adotar medidas razoáveis para proteger os indivíduos contra tal ilegalidade [...]".

---

[29] Cf.: Comparato, a Convenção foi promulgada no Brasil pelo Decreto Legislativo n. 678, de 6 de novembro do mesmo ano. Pelo Decreto Legislativo n. 89, de dezembro de 1998, o Congresso Nacional aprovou 'a solicitação de reconhecimento da competência da Corte Interamericana de Direitos Humanos para fatos ocorridos a partir do reconhecimento, de acordo com o previsto no parágrafo primeiro do art. 62 daquele instrumento internacional'. Pelo Decreto n. 4.463, publicado em 11-11-2002, foi promulgada essa declaração de reconhecimento da competência obrigatória da Corte. (COMPARATO, 2013, p. 379).

A Comissão Interamericana de Direitos Humanos, sendo um órgão do Sistema Interamericano, tem por principal função a promoção dos direitos humanos na região. A Convenção prevê o seu papel de recomendações aos governos dos Estados-partes, de medidas cautelares de urgência à proteção à vida de pessoas ameaçadas, ou mesmo de ações necessárias para proteger direitos através de estudos e informes, que possam apoiar os países na defesa da dignidade humana. Ressalta ainda Borges (2012, p. 145) que se pode "[...] requerer aos governos informações relativas a medidas por eles adotadas concernentes à efetiva aplicação da Convenção Americana de Direitos Humanos; e submeter um relatório anual à Assembleia Geral da Organização dos Estados Americanos [...]".

A internacionalização dos Direitos Humanos não significou o fim do Estado de Direito constitucional e legal. Ou seja, há um fortalecimento dos mecanismos de proteção com o Internacionalismo e com o Universalismo. Segundo entendimento de Gomes e Mazzuoli (2011, p. 58): "Todas essas ondas evolutivas do Estado, do Direito e da Justiça contribuíram (e contribuem) para deixar claro o papel do Estado no que tange à proteção dos Direitos humanos, notadamente sob a ótica do direito internacional público pós-moderno, que não admite o esquecimento dos piores e mais bárbaros crimes já cometidos [...]".

A proteção à dignidade humana constitui um dos fundamentos básicos do Estado democrático de direito, sendo direito inalienável e absoluto de cada indivíduo, que tem guarida no direito internacional dos Direitos Humanos, tendo em vista a complementariedade da tutela internacional. Dois períodos demarcam o contexto latino-americano: o período dos regimes ditatoriais e o período da transição política aos regimes democráticos, marcado pelo fim das ditaduras militares da década de 80, na Argentina, no Chile, no Uruguai e no Brasil. No entendimento Piovesan (2011, p. 75): "Considerando a atuação da Corte Interamericana no processo de justiça de transição no contexto sul-americano, destaca-se, como caso emblemático, o caso Barrios Altos versus Peru - massacre que envolveu a execução de 14 pessoas por agentes policiais [...]".

O Peru promulgou sua lei de anistia, concedendo aos ex-agentes do Estado, entre eles, militares, policiais e civis, que em vários casos atuaram no regime de torturas e práticas de violações de direitos humanos, configurando uma auto anistia, com o julgamento do massacre de Barrios Altos, o Peru foi condenado a tornar sem efeito as leis de anistia citadas, como ainda, a reparar de forma integral e adequada os danos materiais e morais das vítimas e das famílias.

As iniciativas, tanto na Argentina como no Chile, estabeleceram formas de reparação às vítimas pelos abusos cometidos em face dos direitos humanos. Na Argentina, os ex-agentes da repressão política foram punidos em sua maioria nos tribunais, através da responsabilização penal. Um aspecto importante para entender a efetivação da responsabilização judicial no país foi a desmoralização do governo militar na denominada Guerra das Malvinas, abreviando a ditadura através da redemocratização iniciada com as eleições de 1983.

Em 24 de Dezembro de 1986, no governo de Raúl Alfonsín, diante da pressão das ruas e dos organismos internacionais, foram aprovadas duas legislações, que décadas depois foram declaradas inconstitucionais. A primeira, a Lei 23.492 (ARGENTINA, 1986), conhecida como 'lei do Ponto Final', estabelecia a suspensão dos processos judiciários contra os autores das detenções ileais, torturas e assassinatos sistemáticos que aconteceram no país durante o governo militar.

Em 4 de junho de 1987, o mesmo governo Argentino, promulgou a Lei de Obediência Devida nº 23.521 (ARGENTINA, 1987), determinando que os atos, crimes praticados durante a ditadura não eram puníveis pelos tribunais, pelo motivo dos envolvidos estarem submetidos a uma hierarquia, um comando das forças armadas, tornando-se um impeditivo ao processo de responsabilização judicial.

Segundo Meyer (2012, p. 247): as citadas leis não impediram a criação da Comissão Nacional da Verdade e do Desaparecimento de

Pessoas na Argentina, a mesma "[...] produziu uma vasta documentação informando o desaparecimento forçado de cerca de 9 mil pessoas, número este subiria para vinte mil pessoas com o decorrer dos anos e o surgimento de novos documentos". Posteriormente, na década de 2000, as mencionadas leis seriam revogadas pelo Congresso Nacional e declaradas inconstitucionais pela Corte Suprema, que confirmou a imprescritibilidade dos crimes contra humanidade.

No caso do Chile (1978), o ditador General Augusto Pinochet publicou o Decreto Lei 21.919/1978, a denominada 'Lei de Anistia chilena', como em geral na América Latina, previa que os crimes ocorridos entre 1973 e 1978 não poderiam ser processados e os ex-agentes condenados. Este dispositivo foi ampliado na transição dos governos Pinochet e Aylwin, pela Lei Constitucional Orgânica nº 18.849, de 27 de fevereiro de 1990. Chama atenção o fato de que esta legislação foi aprovada doze dias antes do presidente Aylwin prestar juramento, e impedia, na prática, que o novo governo pudesse decretar a aposentadoria compulsória de oficiais, e estava protegendo uma série de agentes comprometidos com a tortura, perseguições e crimes contra a sociedade chilena, que vieram à tona com o trabalho das Comissões da Verdade (PASSOS; ALMEIDA, 2013, p. 213).

Em sentença de 26 de setembro de 2006, a Corte Interamericana de Direitos Humanos julgou o caso Almonacid Arellano *versus* Chile (CORTE INTERAMERICANA DE DIREITOS HUMANOS , 2006) e, pela primeira vez, o controle de convencionalidade é mencionado no corpo da sentença por violação ao acesso à justiça em razão do assassinato de Arellano, na época do regime militar daquele país. Na sentença proferida no caso acima, vale citar os itens 124 e 125:

> *124. La Corte es consciente que los jueces y tribunales internos están sujetos al imperio de la ley y, por ello, están obligados a aplicar las disposiciones vigentes en el ordenamiento jurídico. Pero cuando un Estado ha ratificado un tratado internacional como la Convención Americana, sus jueces, como parte del aparato del Estado, también están sometidos a ella, lo que les obliga a velar porque los efectos de las disposiciones de la Convención no se vean mermadas por la aplicación de leyes contrarias a su objeto y fin, y que desde*

> *un inicio carecen de efectos jurídicos. En otras palabras, el Poder Judicial debe ejercer una especie de "control de convencionalidad" entre las normas jurídicas internas que aplican en los casos concretos y la Convención Americana sobre Derechos Humanos. Em esta tarea, el Poder Judicial debe tener en cuenta no solamente el tratado, sino también la interpretación que del mismo ha hecho la Corte Interamericana, intérprete última de la Convención Americana.*
>
> *125. En esta misma línea de ideas, esta Corte ha establecido que "[s]egúnel derecho internacional las obligaciones que éste impone deben ser cumplidas de buena fe y no puede invocarse para su incumplimiento el derecho interno"150. Esta regla ha sido codificada en el artículo 27 de la Convención de Viena sobre el Derecho de los Tratados de 1969.*

Para a Corte Interamericana, segundo Piovesan (2011, p. 77): "[...] conclui a Corte pela invalidade do mencionado decreto-lei de 'autoanistia', por implicar denegação da justiça às vítimas, bem como por afrontar os deveres do Estado de investigar, processar, punir e reparar graves violações de direitos humanos que constituem crimes de lesa-humanidade [...]".

Em 13 de dezembro de 2006, em harmonia com a Sentença da CIDH, a Suprema Corte Constitucional do Chile, anula os efeitos da anistia chilena no caso Hugo Vásquez (CHILE, 2006), referindo à qualificação dos delitos como crime de lesa humanidade e aos fundamentos do Caso Almonacid Arellano, conforme obrigações previstas na Convenção Americana de Direitos Humanos.

4.1.1 Caso Júlia Gomes Lund

O caso Júlia Gomes Lund trata do sequestro, assassinato e desaparecimento dos corpos dos integrantes da Guerrilha ocorrida na região do Araguaia. As mortes estão relacionadas com as operações empreendidas pelo Exército Brasileiro na região do Araguaia, entre os anos de 1972 e 1975, no contexto da ditadura militar brasileira, quando foram exterminadas pessoas através de detenção arbitrária e torturas.

A Guerrilha do Araguaia é uma das mais expressivas ações de resistência contra a ditadura militar no Brasil. Militantes do PC do B organizaram, na floresta do Araguaia, um movimento que visava promover a resistência armada ao regime ditatorial.

O governo militar, por sua vez, quando identificou os grupos guerrilheiros iniciou uma ação contra os militantes, 'neutralizando' todos que fossem presos sem entregar os seus corpos para os familiares. Segundo Meyer (2012, p. 225):

> *Jamais reconheceria que existissem. Quem morria sumia. Esse comportamento não pode ser atribuído às dificuldades logísticas da região, pois a tropa operava de acordo com uma instrução escrita: 'Os PG (prisioneiro de guerra) falecidos deverão ser sepultados em cemitério escolhido e comunicado. Deverão ser tomados os elementos de identificação (impressão digitais e fotografias)' [...].*

O caso foi apresentado à Comissão Interamericana de Direitos Humanosno ano de 1995, pelo Centro pela Justiça e o Direito Internacional e pela *Human Righs/Americas*, junto a outros peticionários, como o Grupo Tortura Nunca Mais-RJ e a Comissão de Familiares de Mortos e Desaparecidos Políticos-SP, conforme descrito por Borges (2012). Após 13 anos do processamento perante a Comissão, esta decidiu de acordo com o relatório de Mérito 91/2008, de 31.10.2008. Conforme descrito por Ramos (2011, p. 196):

> *O Estado brasileiro deteve arbitrariamente, torturou e desapareceu os membros do PC do B e os camponeses listados no parágrafo 94 deste relatório. Além disso, a CIDH conclui [u] que, em virtude a Lei 6.683/1979 (Lei de Anistia), promulgada pelo governo militar do Brasil, o Estado não levou a cabo nenhuma investigação penal para julgar e sancionar os responsáveis por estes desaparecimentos forçados; que os resultados judiciais de natureza civil com vistas a obter informação sobre os fatos não foram efetivos para garantir aos familiares dos desaparecidos o acesso à informação sobre a Guerrilha do Araguaia; que as medidas legislativas e administrativas adotadas pelo Estado restringem indevidamente o direito ao acesso à informação desses familiares; e que o desaparecimento forçado das vítimas, a impunidade dos seus responsáveis, e a falta de acesso à justiça, à verdade e à informação afetam negativamente a integridade pessoal dos familiares dos desaparecidos'.*

O pedido feito na petição inicial foi de apuração dos atos de extrema violência realizados no ano de 1973, em face de vítimas desaparecidas na região do Araguaia, que se localiza entre os estados do Pará, Maranhão e Goiás. No entendimento de Borges (2012, p. 146): "O fundamento desse pedido está na violação dos direitos garantidos pelos artigos da Declaração Americana de Direitos Deveres do Homem, quais sejam: direito à vida, à liberdade, à segurança e à integridade física (art. I), direito de proteção contra prisão arbitrária (art. XXV) e direito a processo regular (XXVI)].".

No dia 24 de novembro de 2010, a Corte Interamericana de Direitos Humanos condenou o Brasil pelo desaparecimento forçado de pessoas contrárias à ditadura militar e assassinadas durante a repressão à Guerrilha do Araguaia. Conforme descrito por Borges (2012, p. 147-148):

> [...] as disposições da Lei de anistia brasileira são incompatíveis com a Convenção Americana de Direitos Humanos, pois esses as disposições impedem a investigação e sanção de graves violações dos direitos humanos e não podem seguir representando um obstáculo para investigação dos fatos, nem para identificação e punição dos responsáveis tão pouco podem ter igual ou semelhante impacto sobre outros casos de graves violações de direitos humanos sagrados na Convenção.

O regime ditatorial brasileiro foi marcado pela violação constante dos direitos dos seus cidadãos, utilizando-se de um aparato estatal repressivo que institucionalizou a prisão, a tortura, o desaparecimento forçado e o assassinato de setores específicos da população civil. Destaca-se, assim, por fim, o entendimento da Corte em relação à competência contenciosa, a partir de 10 de dezembro de 1998. No entendimento de Borges (2012, p. 51):

> [...] a corte entende que os atos de caráter contínuo ou permanente perduram durante todo o tempo em que o fato continua, mantendo-se sua falta de conformidade com a obrigação internacional, passando com isso a ter competência também para os fatos anteriores à ratificação da Convenção Americana de Direitos Humanos. Desse modo, as violações dos direitos humanos que se fundamentam em fatos que ocorreram ou persistiram a partir

102

> *de 10 de dezembro de 1988, são de competência da Corte, tais como o crime de desaparecimento forçado, a falta de investigação, julgamento e sanção das pessoas responsáveis, falta de efetividade dos recursos judiciais de caráter civil a fim de obter informação sobre os fatos, e as restrições ao direito de acesso à informação.*

O Estado Brasileiro reconheceu a jurisdição contenciosa da Corte Interamericana de Direitos Humanos, a partir de 1998. Inclui como Direitos e Garantias àqueles oriundos de Direitos Internacionais, desta forma, cabe ao Ministério Público Federal fazer as devidas persecuções penais, conforme determinação da Corte, bem como, cabe o dever do Poder Judiciário de dar andamento às ações em relação aos crimes ocorridos durante a ditadura militar. No caso Araguaia, conforme Perrone-Moisés (2012, p. 26): "A sentença da Corte Interamericana foi conclusiva ao declarar a incompatibilidade de nossa lei com a Convenção, independentemente do que diz o STF, na medida em que a Lei brasileira impede que se investigue o ocorrido e que punam os responsáveis [...]".

Em resposta ao que argumenta o STF, a Corte Interamericana de Direitos Humanos (2010), no Caso Gomes Lund *versus* Brasil[30], afirmou na sentença que houve um 'acordo político'. Como, no caso do Brasil e nos casos de autoanistias, não são aspectos formais da lei que validam ou não sua convencionalidade, neste sentido, sua origem não interessa para análise da incompatibilidade com a Convenção Americana, pois o que está em análise de convencionalidade é seu aspecto material, ou seja, o que dela decorre, e neste caso a violação pela lei brasileira dos

---

[30] Cf.: Quanto à alegação das partes a respeito de que se tratou de uma anistia, uma autoanistia ou um "acordo político", a Corte observa, como se depreende do critério reiterado no presente caso (par. 171 supra), que a incompatibilidade em relação à Convenção inclui as anistias de graves violações de direitos humanos e não se restringe somente às denominadas "autoanistias". Além disso, como foi destacado anteriormente, o Tribunal, mais que ao processo de adoção e à autoridade que emitiu a Lei de Anistia, se atém à sua ratio legis: deixar impunes graves violações ao direito internacional cometidas pelo regime militar. 252 A incompatibilidade das leis de anistia com a Convenção Americana nos casos de graves violações de direitos humanos não deriva de uma questão formal, como sua origem, mas sim do aspecto material na medida em que violam direitos consagrados nos artigos 8 e 25, em relação com os artigos 1.1. e 2 da Convenção.

dispositivos e garantias do Pacto de São José da Costa Rica. Portanto, a decisão, na medida que impede, obstaculiza a investigação e a punição dos responsáveis, deverá ser desconsiderada pelo Estado brasileiro, e, desta forma, cabe ao Brasil fazer cumprir a determinação internacional.

A complementaridade da tutela internacional é um direito de proteção que poderá ser acionado quando providências não são efetivadas por parte do Estado violador. Segundo Meyer (2012, p. 289):

> *Desse modo, não obstante os tortuosos caminhos que a justiça de transição tem percorrido no Brasil, pode se concluir que juridicamente, não há como sustentar que a decisão do STF na ADPF nº 153/DF possa constituir obstáculo para o cumprimento da decisão da CteIDH [Corte Interamericana de Direitos Humanos] no que respeita a investigação e responsabilização criminal de agentes envolvidos nos crimes de desaparecimento forçado ocorridos no contexto da Guerrilha do Araguaia. Justamente com base no âmbito do controle da convencionalidade e não do controle da constitucionalidade, é que será possível encontrar subsídios para a já mencionada necessidade de efetivação do Direito Internacional dos Direitos Humanos.*

O cumprimento de tal decisão é uma tarefa que envolve o Poder Executivo, o Poder legislativo, o Poder Judiciário e o Ministério Público quando das ações penais em face dos agentes da repressão política. A promoção de arquivamento de inquérito policial ou sua confirmação pelas instâncias superiores nos argumentos, como o da anistia de 1979, a prescrição, a irretroatividade da lei penal mais gravosa, ou coisa julgada, não seria mais possível, conforme descrito por Borges (2012). No entendimento de Ramos (2009, p. 216, grifo do autor): "Além disso, [...] seria inconstitucional a denúncia da Convenção Americana de Direitos Humanos devido ao art. 60 § 4, IV da Constituição brasileira que proíbe a abolição de direitos e garantias individuais, ou seja, a denúncia à Convenção provocaria um retrocesso aos direitos fundamentais previstos nesse documento, ato manifestamente contrário à própria Constituição brasileira [...]".

4.1.2 Caso Wladimir Herzog

Em julho de 2009, o Centro pela Justiça e pelo Direito Internacional (CEJIL/Brasil), a Fundação Interamericana de Defesa dos Direitos Humanos (FIDDH) o Centro Santo Dias da Arquidiocese de São Paulo e o Grupo Tortura Nunca Mais de São Paulo, apresentaram uma petição, registrada como PETIÇÃO P-859-09, à Comissão Interamericana de Direitos Humanos (2012) – CIDH, contra o Estado Brasileiro, solicitando a responsabilização deste pela detenção arbitrária, tortura e morte do jornalista Vladimir Herzog e também pela contínua impunidade no caso, em virtude da Lei de Anistia promulgada durante a época do regime militar brasileiro.

Em novembro de 2012, a CIDH decidiu pela admissibilidade da Petição sobre o caso do jornalista Vladimir Herzog, como resume o Relatório da Comissão da Verdade, (2012, p. 1796): "Em novembro de 2012, a Comissão Interamericana de Direitos Humanos da Organização dos Estados Americanos (OEA) admitiu petição sobre o caso Vladimir Herzog, com o objetivo de investigar a responsabilidade internacional do Estado brasileiro por sua detenção arbitrária, tortura e morte [...]".

No Relatório n° 80/12 (COMISSÃO INTERAMERICANA DE DIREITOS HUMANOS, 2012), que decide pela admissibilidade do caso, a CIDH informa que todas as fases obrigatórias contidas no regimento da Comissão foram cumpridas, desde o prazo para a apresentação da Petição, passando Competência da CIDH para a admissibilidade do caso, do Esgotamento dos Recursos Internos, duplicação de procedimentos e coisa julgada internacional e, por fim, a caracterização dos fatos alegados.

Na denúncia encaminhada à CIDH, os peticionários inicialmente contextualizam a época em que aconteceram a prisão, a tortura e o assassinato de Herzog, com toda a repressão promovida pela ditadura militar. Estes descreveram ainda a investigação policial forjada, que sucedeu à morte de Herzog, e que culminou no arquivamento do

Inquérito promovido pela polícia militar. As tentativas da família da vítima em obter a condenação da União pelos atos cometidos contra Herzog também foram mencionadas.

Os peticionários observaram também que o Estado havia reconhecido, em 1995, sua responsabilidade pelas mortes e pelos desaparecimentos ocorridos durante o período do regime militar, o que ensejou a consequente criação da Comissão Especial sobre Mortos e Desaparecidos Políticos. As decisões da Corte Interamericana de Direitos Humanos a respeito do Caso Gomes Lund e outros (Guerrilha do Araguaia) também foram lembradas para embasar a petição. Por fim, os mesmos pontuam sobre o esgotamento dos recursos de decisão interna do Estado Brasileiro, fato que justificaria então recorrer ao recurso à CIDH.

Ao Estado Brasileiro foi assegurado o direito de apresentar suas justificativas, em resposta às alegações formalizadas pelos peticionários. O relatório resume bem a estratégia de defesa apresentada pelo Estado:

> *O Estado preliminarmente alega que não há omissão alguma a respeito dos fatos denunciados nesta petição, uma vez que formalmente reconheceu sua responsabilidade pela morte e pela detenção arbitrária da suposta vítima. Por outro lado, o Estado sustenta que a CIDH não tem competência ratione temporis para examinar supostas violações da Convenção Americana ou da Convenção Interamericana para Prevenir e Punir a Tortura, porque as supostas violações ocorreram previamente à ratificação desses instrumentos pelo Brasil. O Estado também argumenta que a petição foi apresentada extemporaneamente, de acordo com os requisitos constantes dos artigos 46.1.b da Convenção Americana, e 32 do Regulamento da CIDH. Sobre esse ponto, o Estado sustenta que os recursos de jurisdição interna pertinentes foram esgotados em 28 de agosto de 1979, mediante a promulgação da Lei de Anistia brasileira, ou alternativamente, em 18 de agosto de 1993, por meio da decisão do Superior Tribunal de Justiça, a qual confirmou a sentença do Tribunal de Justiça de São Paulo que arquivou a investigação policial sobre a morte da suposta vítima, em aplicação da referida Lei de Anistia. (COMISSÃO INTERAMERICANA DE DIREITOS HUMANOS, 2012, p. 1).*

No resumo acima, chama a atenção a tentativa o Estado Brasileiro em evocar a Lei da Anistia para justificar sua omissão no caso Herzog, além de tentar desqualificar a competência da CIDH em analisar o caso, que incorre em flagrante desrespeito aos direitos humanos.

Passada a fase da análise da legalidade dos procedimentos e a manifestação de todas as partes, a CIDH concluiu: A CIDH conclui que é competente para examinar o mérito deste caso e decide que a petição é admissível, de acordo com os artigos 46 e 47 da Convenção Americana. (COMISSÃO INTERAMERICANA DE DIREITOS HUMANOS, 2012, p. 10).

Com base neste entendimento, a Comissão Interamericana de Direitos Humanos, por fim, decidiu pela admissibilidade quanto à suposta violação dos direitos protegidos nos artigos I, IV, XVIII e XXV da Declaração Americana; nos artigos 5.1, 8.1 e 25 da Convenção Americana, em conexão com os artigos 1.1 e 2 do mesmo instrumento; e nos artigos 1, 6 e 8 da Convenção Interamericana para Prevenir e Punir a Tortura.

Decidiu dentre outras coisas, prosseguir com a análise do mérito e publicou o caso no Relatório Anual da Assembleia Geral da Organização dos Estados Americanos (OEA).

No ano de 2013, o atestado de óbito de Vlado foi retificado e entregue à família, informando como causa da morte "[...] lesões e maus-tratos sofridos durante os interrogatórios em dependência do II Exército (DOI-CODI) [...]" (BRASIL, 2014).

No ano seguinte, a Comissão Nacional da Verdade concluiu seu relatório sobre o caso Herzog, após colher as informações necessárias para a correta instrução do processo, utilizando como base, o laudo pericial indireto quanto à morte de Vlado. Sobre a causa da morte a CNV (BRASIL, 2014, p. 1796), relatou:

> *Vladimir Herzog foi inicialmente estrangulado, provavelmente com a cinta citada pelo perito criminal, e, em ato contínuo, foi montado um sistema de forca, onde uma das extremidades foi fixada a grade metálica de proteção da janela e, a outra, envolvida ao redor do pescoço de Vladimir Herzog, por*

> *meio de uma laçada móvel. Após, o corpo foi colocado em suspensão incompleta de forma a simular um enforcamento.*

A CNV concluiu seus trabalhos informando que considera que não existem mais dúvidas sobre a real causa da morte do jornalista (BRASIL, 2014, p. 1796): "A CNV entende não existir mais qualquer dúvida acerca das circunstâncias da morte de Vladimir Herzog, detido ilegalmente, torturado e assassinado por agentes do Estado nas dependências do DOI-CODI do II Exército, em São Paulo, em outubro de 1975 [...]".

No Relatório da CVN (BRASIL, 2014), além de todo o detalhamento do local, data, e dos laudos periciais, está contida também a relação dos autores das graves violações de direitos humanos referentes ao caso Herzog, bem como as suas respectivas condutas ilegais.

Em 15 de março de 2018, o Brasil foi condenado na Corte Interamericana de Direitos Humanos no caso Herzog e Outros *vs.* Brasil.

A Sentença, pela primeira vez, condenou o país por crime contra a humanidade: "A Comissão Interamericana considerou que a morte e tortura do senhor Herzog constituiu uma grave violação de direitos humanos. Os representantes das supostas vítimas consideraram que se tratou de um crime contra a humanidade [...]" (CORTE INTERAMERICANA DE DIREITOS HUMANOS, 2018, p. 44, grifo nosso).

4.2 Arguição Direta de Preceito Fundamental - ADPF 320

O respeito aos tratados, convenções, princípios gerais de direito internacional e as normas cogentes, gera obrigações ao Estado brasileiro em relação à possibilidade de punição dos agentes da ditadura militar. Para Borges (2012, p. 108): "Na visão da escola dualista, existe uma separação clara entre o ordenamento jurídico internacional e o interno; segundo esse entendimento, o direito internacional não obriga os indivíduos até que suas normas sejam transformadas em direito interno [...]".

A outra escola seria a monista, que entende a existência de um único sistema, ou seja, não há dualidade, mas uma integração do sistema internacional e interno. A recepção dos tratados garante esta harmonia e obriga os Estados a cumprirem direitos assegurados aos nacionais daquele país.

A jurisprudência do Supremo Tribunal Federal, todavia, exige a expedição de decreto do Presidente da República, que visa assegurar a promulgação do tratado internamente, em face do princípio da publicidade, que confere assim executoriedade e vinculação, obrigando no plano do direito positivo interno, conforme descrito em Borges (2012) a aplicação da norma que melhor proteja o hipossuficiente em relação ao Estado, que é o ser humano.

Nesses contextos que envolvem legados autoritários, surgem conflitos entre as normas de direito internacional e as normas de direito interno brasileiro, em relação às diversas interpretações sobre a questão da possibilidade de persecução penal, conforme descrito por Borges (2012).

Diante disso, tramitam no STF os embargos de declaração da sentença sobre a ADPF 153 (DISTRITO FEDERAL, 2010), para que se esclareçam pontos do julgado que validou a Lei da Anistia. Também tramita, no mesmo tribunal, a ADPF 320 de autoria do PSOL, que discute o caráter vinculante da sentença Gomes Lund *vs*. Brasil e foi acolhida parcialmente pelo parecer do Procurador Geral de Justiça Rodrigo Janot em 2014 (DISTRITO FEDERAL, 2014), que afirmou:

> *É admissível arguição de descumprimento de preceito fundamental contra interpretações judiciais que, contrariando o disposto na sentença do caso GOMES LUND E OUTROS VERSUS BRASIL, da Corte Interamericana de Direitos Humanos, declarem extinta a punibilidade de agentes envolvidos em graves violações a direitos humanos, com fundamento na Lei da Anistia (Lei 6.683/1979), sob fundamento de prescrição da pretensão punitiva do Estado ou por não caracterizarem como crime permanente o desaparecimento forçado de pessoas, ante a tipificação de sequestro ou de ocultação de cadáver, e outros crimes graves perpetrados por agentes estatais no período pós-1964.*

O parecer é uma peça importante porque reafirmou as teses do Grupo de Trabalho Justiça de Transição, nas diversas ações contra os ex-agentes da ditadura militar, para dar cumprimento às sentenças que condenaram o Brasil pela impunidade e falta de inciativa em investigar e responsabilizar os respectivos agentes e, na sentença do caso Vladimir Herzog, a CIDH classificou a atitude do Brasil no assassinato do jornalista como crime de lesa humanidade.

4.3 Resolução do CNJ

Em 7 de janeiro de 2022, o Conselho Nacional de Justiça publicou a recomendação 123 (BRASIL, 2022), aprovada por unanimidade por todos os conselheiros, a resolução é parte de uma série de medidas do CNJ, como a Constituição do Observatório de Direitos Humanos do órgão. Trata-se de ato normativo que visa recomendar aos órgãos do Poder Judiciário que observem os tratados e convenções internacionais de direitos humanos em vigor no Brasil, como também apliquem a jurisprudência da Corte Interamericana de Direitos Humanos. A Recomendação homenageou a necessidade do controle de convencionalidade das leis internas pelo judiciário, ressaltando aos membros do judiciário nacional que cabe aplicar a norma benéfica à promoção dos direitos humanos. Ressaltou ainda que a internacionalização representa a inserção do país em um sistema global cuja dogmática e jurisprudência crescem em um mundo globalizado e juridicamente integrado nos sistemas e garantias de direitos.

Destacou-se entre seus fundamentos, que o Código Processo Civil de 2015 determina, mais especificamente no seu art. 8º, que o judiciário deve atender aos fins sociais e às exigências do bem comum.

Em 2016, o CNJ formulou as diretrizes estratégicas para orientar a atuação do Poder Judiciário, para que em todos os níveis do judiciário nacional observe-se a necessidade de concretizar direitos previstos em tratados, convenções e outros instrumentos internacionais sobre a proteção dos direitos humanos.

O controle de convencionalidade e sua aplicação hermenêutica, na interpretação das normas internacionais de direitos humanos, ainda é um desafio no Brasil. O mesmo se aplica em seu efetivo uso difuso. Em grande parte, há um distanciamento dos juízes brasileiros da jurisprudência dos tribunais internacionais integrados no sistema jurídico nacional através de tratado, uma resistência também identificada nos tribunais nacionais estaduais e colegiados federais.

111

Como já analisado, o Brasil coleciona uma série de sentenças que promovem os direitos humanos, mas que revelam o descaso do judiciário nacional e dos poderes da república em promover a reparação e atender a justiça de transição.

CAPÍTULO 5 - CONSTITUCIONALISMO TRANSICIONAL: O CARÁTER PROGRAMÁTICO E CONVENCIONAL DA TUTELA MULTINÍVEL EM DIREITOS HUMANOS

5.1 Constitucionalismo transicional e sua dimensão programática

Neste capítulo, apresento uma reflexão sobre o controle de constitucionalidade e convencionalidade como base teorética para a construção do conceito de justiça de transição programática, contribuição originária desta tese, como fruto da pesquisa jurídica e análise de conteúdo dos precedentes que asseguram alguns avanços na dimensão da responsabilização dos ex-agentes da ditadura militar. Naturalmente, o recorte teórico constitucional não pretende esgotar a complexidade das múltiplas abordagens possíveis no campo das pesquisas sobre justiça de transição.

As decisões que formam o *corpus* da tese, avançaram no judiciário federal por adorarem a teoria da aplicabilidade do controle de convencionalidade, da interpretação técnica e não política das normas internacionais, em detrimento das pressões governamentais. E, com a mesma importância, o controle de constitucionalidade, seja na forma abstrata ou difusa, propiciou elementos técnicos sobre recursos do processo constitucional que assegura no caso da Lei da Anistia sua recepção à luz do STF.

O respeito à hierarquia constitucional é um princípio fruto das revoluções liberais do século XVII e, através do pensamento de Hans Kelsen, tornou-se um dos pilares da doutrina da jurisdição constitucional na interpretação por um Tribunal Constitucional da inconstitucionalidade de normas infraconstitucional, permitindo que a sociedade seja protegida de qualquer populismo.

> *Uma Constituição em que falta a garantia de anulabilidade dos atos inconstitucionais não é plenamente obrigatória, no sentido técnico. Muito embora não se tenha em geral consciência disso, porque uma teoria jurídica dominada pela política não permite tomar tal consciência, uma Constituição em que os atos inconstitucionais, e em particular as leis inconstitucionais também permanecem válidos [...] equivale mais ou menos, do ponto de vista propriamente jurídico, a um anseio sem força obrigatória [...] (KELSEN, 2003, p. 179).*

Entre outras características do Constitucionalismo, destaca-se a separação dos poderes e os direitos e garantias fundamentais como elementos fundamentais encontrados na Declaração dos Direitos do Homem e do Cidadão de 1789 (2018)[31], como parte de um projeto de Estado Nação que busca limitar o poder dos Poderes do Estado para não haver absolutismos. Logo, a doutrinária da democracia constitucional garante os direitos e liberdades na mediação jurídica dos conflitos, resolvidos através de um tribunal constitucional, legado de um sistema de direitos organizado de forma a reconhecer a Constituição como Lei Maior.

Segundo Gilmar Mendes, o objeto imediato do Direito Constitucional é a Constituição: "tudo propiciando as bases para o aprimoramento constante e necessário das normas de proteção e promoção dos valores que resultam da necessidade de respeito à dignidade da pessoa humana e que contribuem para conformá-la no plano deontológico". (MENDES; BRANCO, 2019, p. 58).

A concepção de hierarquia constitucional surge no direito brasileiro influenciada, no primeiro momento, pelo modelo francês, diante das lutas libertárias do anticolonialismo, refletido na Constituição de 1824. O segundo modelo, consolidou-se com o advento da República, o fortalecimento da ideia de direitos universais e igualitários para todos

---

[31]Art. 16 - Qualquer sociedade em que não esteja assegurada a garantia dos direitos, nem estabelecida a separação dos poderes não tem Constituição.

os cidadãos, mas restringindo a participação popular, fruto da influência do constitucionalismo americano em nossa constituição de 1891.

A República consagrou a autoridade da constituição através do poder constituinte originário, resultado da vontade popular que, convocado, forma a Assembleia Constitucional, com competência para reformar e transformar dispositivos da Carta Magna.

Mas os fundamentos estruturantes do *justice review,* só foram introduzidos no direito constitucional em 1934, como processo de intervenção, resultado da Ação Direta, destaca Gilmar Mendes, no seu livro *Curso de direito constitucional.*

Foi preciso o processo de redemocratização para que a Constituição de 1946 consolidasse a representação, para efeitos de intervenção, seja contra a lei ou ato normativo. E conforme destaca Mendes, em 1965, o mecanismo de representação de inconstitucionalidade, integrou o conjunto de atos que delineou o controle abstrato de normas (MENDES; BRANCO, 2019, p. 1267).

Com a Carta Constitucional de 1967/69, a representação interventiva permanece, ampliando o controle abstrato pela representação de lei municipal, através do PGJ do Estado, podendo incidir na intervenção estadual conforme art. 15, § 3º, d. (MENDES; BRANCO, 2019, p. 1267).

Neste histórico sobre o controle de constitucionalidade, coube a Emenda Constitucional nº 7, da Carta Constitucional de 1967/69, a decisão de tornar o STF como Tribunal Constitucional, como destaca Gilmar Mendes:

> *A Emenda n. 7, de 1977, outorgou ao Supremo Tribunal Federal a competência para apreciar representação do Procurador-Geral da República para interpretação de lei ou ato normativo federal ou estadual, completando, assim, o conjunto normativo do controle de constitucionalidade no Direito brasileiro. (MENDES; BRANCO, 2019, p. 1267).*

A constituinte de 1988, por sua vez, manteve o direito de o Procurador-Geral da República de propor a ação de inconstitucionalidade e ampliou as ações do controle concentrado, bem como os órgãos ou entes legitimados, que podem tomar a inciativa, conforme CF/1988, Art. 103.

Em geral, pelo nosso sistema de controle de constitucionalidade, todas as matérias e controvérsias que indiquem dúvida, divergência em relação ao texto constitucional, podem ser levados para o STF, conforme controle abstrato de normas.

No sistema difuso, cabe aos juízes e tribunais a competência de exercer a jurisdição constitucional e afastar a aplicação da lei *in concreto* (CF/1988, arts. 97, 102,), e foram criados novos institutos como o mandado de segurança coletivo, o mandado de injunção, do *habeas data* e ação civil pública.

No âmbito concentrado, temos a Ação Direita de Inconstitucionalidade (ADI); Ação Declaratória de Constitucionalidade de Lei ou ato normativo federal (ADC); Ação Direta por Omissão (ADO) e Arguição de Descumprimento de Preceito Fundamental (ADPF).

A Ação Direta de Inconstitucionalidade (ADI) e Ação Declaratória de Constitucionalidade (ADC) estão previstas, no Art. 102, I, a): "[...] a ação direta de inconstitucionalidade de lei ou ato normativo federal ou estadual e a ação declaratória de constitucionalidade de lei ou ato normativo federal [...]" (BRASIL, 2022).

Em síntese, a ADI destina-se a decretação de inconstitucionalidade da lei ou ato normativo, federal, ou estadual, garantindo a hierarquia da norma Constitucional, José Afonso destaca: "[...] é a ação que visa exclusivamente a defesa do princípio da supremacia constitucional [...]" (SILVA, 2015, p. 54). As duas ações ADI e ADC são regidas pela Lei nº 9.868, de 10 de novembro de 1999.

A diferença doutrinária das duas ações é que na Ação Declaratória de Constitucionalidade visa antever futuro questionamento judicial de ato ou norma federal, considerando existir relevante controvérsia constitucional sobre a aplicação do objeto da Ação Declaratória.

Lei nº 9.868, de 10 de novembro de 1999 (BRASIL, 1999a) também regulamentou a Ação Direta por Omissão (ADO), que visa o reconhecimento de um prejuízo legal de uma lacuna no ordenamento, gerada por uma inércia legislativa ou de ato administrativo no âmbito dos poderes constituídos, que venha a afronta direitos e garantias fundamentais como disposto na Constituição.

O STF poderá, uma vez provocado pelos legitimados do Art. 103, aceitar ou não uma ação de ADPF, regulamentada pela Lei 9.882, de 3 de dezembro de 1999 (BRASIL, 1999b), sua pertinência está prevista no Art. 1º, parágrafo único, I: "[...] quando for relevante o fundamento da controvérsia constitucional sobre lei ou ato normativo federal, estadual ou municipal, incluídos os anteriores à Constituição [...]" (BRASIL, 2022).

Trata-se de uma ação singular, que pode ser proposta quando ameaçado um princípio constitucional, ou que o objeto da ação demonstrou greve atentado à segurança jurídica, cabendo à jurisdição constitucional sanear quaisquer dúvidas de interpretações distintas que venham a colidir, gerando conflitos jurídicos prejudiciais à dignidade humana e aos poderes da República, e admitidos os demais pressupostos de admissibilidade.

No diálogo com outras constituições na América Latina, a Constituição de 1988 aponta para a construção do Estado Democrático de Direito, como um fundamento da democracia constitucional, este paradigma jurídico consiste, entre outros princípios, na progressividade de direitos, na ampliação continuada das garantias fundamentais e vedação ao retrocesso.

A progressividade dos direitos também está prevista na Declaração Universal de Direitos Humanos e fundamenta-se, na esfera internacional, nos Pactos Internacionais dos Direitos Civis e Políticos e Econômicos, Sociais e Culturais.

Este princípio pode ser observado na construção dos documentos fundamentais que criaram a União Europeia, e desempenha um papel importante na afirmação de valores éticos e humanistas, como é possível constatar no avanço da efetivação de direitos através da Corte Europeia de Direitos Humanos, aplicando uma jurisdição transconstitucinal, baseada na tutela multinível de proteção dos direitos humanos. Trata-se do processo programático em matéria de direitos humanos, onde o direito constitucional atua pró dignidade humana, ampliando direitos e conquistas sociais (SANTOS; ALMEIDA, 2020).

Na esfera internacional, a dinâmica de ampliação de direitos acompanha a sistemática de recomendações, baseadas em obrigações dos entes subnacionais pelas decisões das Cortes Internacionais. No sistema OEA, por exemplo, as decisões da Corte Interamericana têm construído um verdadeiro *codex* de precedentes e opiniões consultivas[32].

As opiniões consultivas são parte da jurisdição da CIDH, em matéria de interpretação do Pacto de São José da Costa Rica e dos tratados do sistema americano de direitos humanos, que orientam a tutela multinível no âmbito da OEA.

No século XX, a defesa de um Estado social e protetor de direitos é parte do desenho institucional que garantiu, por exemplo, o princípio da aplicabilidade imediata dos dispositivos constitucionais sobre os direitos e garantias fundamentais, conforme o seu artigo 5º, da Constituição de 1988. Mas sua efetividade tem encontrado obstáculos diante de uma série de problemas de ordem legislativa, política e jurídica, como observamos na efetivação da justiça de transição, no Brasil.

Para enfrentar estes entraves, foram criados os planos nacionais de direitos humanos. O país já formulou três versões, como já apresentado

---

[32] Opiniões consultivas no sistema OEA: "As Opiniões Consultivas são um instrumento muito importante utilizado pelas Cortes Internacionais para elucidar as dúvidas que os Estados possuem acerca da aplicação de uma norma interna ou dos instrumentos normativos que lhes concerne, como a Declaração Americana de Direitos Humanos, no caso da Corte Interamericana de Direitos Humanos. " (BOHN; RAMOS; ABDALLA, 2021).

anteriormente. Trata-se de decretos que pactuam com a sociedade civil a melhor maneira de efetivar as obrigações previstas em tratados de direitos humanos, e têm um caráter programático (PIOVESAN, 2012).

A teoria material da Constituição, atribuindo uma percepção teleológica de finalidade de construir um Estado Democrático e de Direitos, expressa em valores, ideias que marcam sua existência como resultado da consciência coletiva do contrato social, como podemos observar nas constituições dos EUA (1787), França (1795), de Weimar - Alemanha (1919) e México (1917), é conhecida por ampliar o caráter meramente normativo formalista, para o sistema jurídico de garantias e direitos. Em síntese, todo texto constitucional tem aplicação jurídica, ou seja, sintetiza obrigações ao Estado, dever de fazer e elementos constitutivos de justiça social.

Siddharta Legale (2021), no *Curso de teoria constitucional interamericana*, defende que os direitos fundamentais, e seus indicadores, são condição necessária para a qualidade e condição de facticidade jurídica e de convencionalidade, na aplicação do direito assegurado materialmente. Legale destaca, neste quesito, que: "[...] quase sempre está misturada a outras regras jurídicas cogentes, de modo que se há de discriminar, desde o início, o que é regra jurídica já incidente e o que é regra jurídica para ser observada pelas regras jurídicas que a formularem na matéria." (LEGALE, 2021, p. 267).

Em matéria de direito internacional dos direitos humanos, outras características, como a indivisibilidade e interdependência, consolidaram o caráter multidimensional de sua aplicação no país.

Ao retificar tratados de direitos humanos, assumimos, enquanto sociedade, o compromisso internacional de efetividade da norma internacional, por exemplo, à jurisdição do Tribunal Penal Internacional, conforme prevê o Estatuto de Roma, suas decisões são parte integrante do sistema de justiça dos países que ratificaram.

Voltando ao processo transicional brasileiro e suas características singulares, identifiquei o que denomino de 'transição programática', para melhor descrever as suas múltiplas dimensões, seja constitucional e convencional, no reconhecimento do direito à memória e à verdade assegurado na Constituição de 1988, como podemos observar na ampla reparação realizada pelo Brasil. Os anistiados provaram perseguições sofridas através de documentos, além de todos os meios de prova, para demonstrar as graves violações que foram submetidos.

Ao mesmo tempo, no processo de judicialização dos ex-agentes, a responsabilidade penal foi mitigada, negada, quando não é possível identificar amplos retrocessos no campo do poder executivo, em dar seguimento às recomendações das Comissões da Verdade (Nacional e Estaduais). Este último mecanismo extrajudicial contribuiu com a sistematização de documentos, relatos e informes usados nas ações movidas pelo Ministério Público Federal para a responsabilização jurídica dos crimes praticados por ex-agentes da ditadura, contemplados por uma recepção da Lei de Anistia que conferiu um *habeas corpus* preventivo na esfera judicial, como já abordado na ADPF 153.

A transição programática, em síntese, quer dizer que a Lei de Anistia, em matéria de justiça de transição, foi submetida à ideia de pacto político, e por isso, à falta de responsabilizações que condenou o Brasil, por duas oportunidades, na Corte Interamericana de Direitos Humanos, que entendeu a Lei como autoanistia, conforme já apontado, dando sentido jurídico à ideia de programática, por uma analogia, ao conceito de direitos constitucionais programáticos, como são os aos direitos sociais, que equivocadamente sofrem uma série de limitações que agridem a dignidade da constituição. Nesse diapasão, o mesmo ocorre com a justiça de transição programática: a não aplicação imediata dos dispositivos convencionais ferem a dignidade dos direitos humanos e os direitos fundamentais dos anistiados, fruto das obrigações de que o Brasil faz parte.

O judiciário, em recentes decisões, rompeu sua postura tradicional de negar a doutrina internacional das obrigações assumidas pelo país e passou, nestes casos estudados nesta tese, a criar uma série de precedentes que apontam para uma aplicação programática, em matéria de direito constitucional transicional, na efetiva responsabilização do Estado e de ex-agentes, no dever ser de investigar, julgar e punir às graves violações de direitos humanos praticados na ditadura militar.

Aprofundando a ideia de norma programática, a tese de Canotilho sobre o conceito de programático aos dispositivos constitucionais dirigentes, aponta para um caráter efetivo, civilizatório da norma maior, que deve reger as instituições e a sociedade, em uma aliança para a construção de direitos e garantias fundamentais.

> *As constituições dirigentes, entendidas como constituições programático estatais não padecem apenas de um pecado original – o da más utopia do sujeito projectante. Como dissemos, elas ergueram o estado a 'homem de direcção' exclusiva ou quase exclusiva da sociedade e converterem o direito em instrumento funcional dessa direcção. Deste modo, o Estado e o direito são ambos arrastados para a crise da política regulativa. (CANOTILHO, 2001, p. X).*

O constituinte, ao elaborar o texto constitucional, trilhou caminhos que devem levar, ou se espera que levem, às políticas públicas programadas para serem a efetividade de um Estado constitucional, que garanta direitos civis, políticos, econômicos, sociais e culturais.

A materialidade desse processo constitucional é parte do caráter dirigente da Constituição, que será desafiada constantemente pelos gestores a responder por novas e desafiadoras demandas, em seu desenvolvimento jurídico e social.

> *Alguma coisa ficou, porém, da programaticidade constitucional. Contra os que ergueram as normas programáticas a 'linha de caminho de ferro' neutralizadora dos caminhos plurais da implantação da cidadania, acreditamos que os textos constitucionais devem estabelecer as premissas materiais que se pretendem continuar a chamar de direito, democráticos e sociais. (CANOTILHO, 2001, XXX).*

O conceito de dirigente, anos depois, também foi objeto de revisão e crítica por parte do próprio Canotillho (2001), em seu texto, *Constituição Dirigente e Vinculação do Legislador*. Em sua nova abordagem, acredita ser

121

inaceitável associar um modelo de constituição dirigente a um projeto comunista, ou socialista, por se tratar de dois planos diferentes: o ideológico e o constitucional. O modelo de constituição programática, como liberal, são modelos de constituição que, sem dúvida, estão situados no projeto de modernidade. E não devem ser confundidos com programas ideológicos.

Em outro livro de Canotilho, *Direito Constitucional e Teoria da Constituição*, o autor reafirma a obrigação de, diante de uma norma-programa, disciplinar os poderes constituídos em obrigações constitucionais materiais, seja do legislador como também do judiciário.

Existem, é certo, normas-tarefa, normas-programa, que 'impõem uma atividade' e 'dirigem' materialmente a concretização constitucional. "Não deve, pois falar-se de simples eficácia programática (ou diretiva), porque qualquer norma constitucional deve considerar-se obrigatória perante quaisquer órgãos do poder político [...]" (CANOTILHO, 2003, p. 1176).

Por fim, aspecto levantado por Canotilho é o caráter atual da norma programática. Para o constitucionalista: "[...] todas as normas são atuais, isto é, têm força normativa independente do *acto* de transformação legislativa [...]" (CANOTILHO, 2003, p. 1177).

Na obra de José Afonso da Silva, em sua conhecida teoria sobre a *Aplicabilidade das Normas Constitucionais*, encontramos a sua classificação e conceituação das normas que incidem o conceito 'programáticas', resultado das demandas dos movimentos sociais, das promessas fruto de disputas entre o pensamento liberal e do socialismo e suas variantes na realidade global complexa, cujo conteúdo social resulta em uma agenda civilizatória, conforme a ideia de constituição dirigente, como já apresentado.

Em sua classificação da norma constitucional em categorias como norma de eficácia plena, em sua doutrina, não necessita de uma regulamentação legislativa posterior. As normas de eficácia contida podem ter seus efeitos limitados pelo interesse público, restringindo sua aplicação. E por último, a eficácia limitada programática está assegurada pelo poder constituinte derivado, seja pela iniciativa dos poderes Executivo ou Judiciário. A base para ambos os conceitos é a efetivação do sistema de direitos assegurado na ordem constitucional. (SILVA, 1999).

A norma programática reside no argumento da evolução do Estado, através da democracia e da ampliação dos direitos, que é decorrente de um processo de democratização sucessiva, em luta com as forças econômicas do capitalismo e, por outro lado, das classes trabalhadoras e movimentos sociais, que buscam fortalecer o Estado social (SILVA, 1999).

Quando se discute as obrigações do poder executivo, como do judiciário, à luz de programas e compromissos políticos do constituinte, ao que tudo indica, a ideia de normas programáticas entrou na cena brasileira com Pontes de Miranda:

> *Regras jurídicas programáticas são aquelas em que o legislador, constituinte ou não, em vez de editar regra jurídica de aplicação concreta, apenas traça linhas diretoras, pelas quais se hão de orientar os Poderes Públicos. A legislação, a execução e a própria Justiça ficam sujeitas a esses ditames, que são como programas dados à sua função. (SILVA, 1999, p. 137).*

Originalmente, a doutrina constitucional incorporou os direitos sociais como normas programáticas, que podem ser executadas através das políticas públicas, delimitadas por legislação infraconstitucional, conforme a interpretação de Pontes de Miranda.

José Afonso apresenta como possíveis origens ao conceito de norma programática na "[...] doutrina das normas diretórias dos americanos ou das normas diretivas dos italianos [...]". (SILVA, 1999, p. 137). Alude ainda o conceito programático a 'um programa de ação' assumido pelo Estado.

Sobre a finalidade da aplicação do conceito de norma programática, José Afonso destaca o pensamento de J. H. Meireles Teixeira (1991), no seu livro *Curso de Direito Constitucional*, quando sub classifica as normas programáticas de simples escopo – são comandos aos órgãos estatais com uma finalidade determinada. Neste caso, o órgão, atende o mandamento constitucional adotando medidas no sentido de satisfazer o constituinte originário. E normas programáticas limitadas porque já prescrevem o fim a atingir, delimitando o poder de ação do órgão ou conteúdo constitucional, limitando o poder discricionário do parlamento. (SILVA apud TEIXEIRA, 1991).

E conclui que as normas programáticas tem eficácia imediata, direta e vinculante, na medida em que cria um dever para o legislador ordinário; promove uma limitação para o poder constituinte derivado, porque promove parâmetros que serão aplicados em eventual controle de constitucionalidade de leis infraconstitucionais, que venham de encontro ao paradigma constitucional; Indicam em matéria de organização do Estado as aspirações do constituinte originário, na medida em que anuncia valores como da justiça social, do constitucionalismo liberal e presentes no ideário multilateral de aspirações humanistas, como a busca do bem comum. Tratam de um universo teleológico da interpretação, unidade e uso jurídico das normas constitucionais; e nos últimos dois pontos José Afonso descreve: "[...] condicionam a atividade discricionária da Administração e do Judiciário; criam situações jurídicas subjetivas, de vantagem ou desvantagem [...]" (SILVA, 1999, p. 164).

Na interpretação do direito, as normas programáticas estruturam o regime político e dentro de seus efeitos mais importantes está o caráter axiológico, para leitura e compreensão do conjunto integrado de normas constitucionais. Trazem consigo uma expectativa vetorial da aplicação da lei, anuncia ao Estado juiz o legado civilizatório da justiça, ideário que desafia o juiz, quando se depara em uma situação que exigem um conhecimento técnico, filosófico e constitucional acima dos casos comuns do cotidiano (SILVA, 1999).

Uma das múltiplas possibilidades é a concepção de direitos humanos que o julgador expressa em sua sentença, e neste universo epistemológico, Joaquim Herrera Flores (2009) em seu livro, *A Reinvenção dos Direitos Humanos*, define sua ideia dos direitos humanos como um diamante ético, um conceito que consolidou uma pedagogia da ação.

A imagem do 'diamante ético' é uma metáfora para explicar a complexidade da indiscutível interdependência dos direitos humanos e seus infinitos mecanismos de efetivação no mundo contemporâneo. Nesta figura, pretende o autor lançar pistas para um horizonte inclusivo do conceito de dignidade da pessoa humana (HERRERA FLORES, 2009, p. 113).

Herrera Flores (2009) apresenta uma concepção de direitos humanos focada na luta social, ou na defesa do empoderamento dos movimentos sociais, como sujeitos coletivos, e por igual motivo, detentor de uma agenda coletiva e de direitos difusos, por este motivo, acredita, na garantia que estes movimentos substanciam a luta pela dignidade humana, na medida em que acrescenta-se os valores do multiculturalismo, da pluralidade dos saberes, a ética pautada na ancestralidade e na resistência ao mundo neoliberal, capitalista e profundamente desigual.

É preciso reafirmar a importância do viver dignamente, refletindo uma crítica a uma gama de violações de gênero, raciais, de falta de acesso à saúde, à educação entre outros. Questões que afetam diretamente a ideia de universalização dos direitos sociais: "[...] todos os que são vítimas de violações ou dos que são excluídos sistematicamente dos processos e os espaços de positivação e reconhecimento de seus anseios, de seus valores e de suas concepções a respeito de como deveriam se entender as relações humanas em sociedade [...]". (HERRERA FLORES, 2000, p. 101-102).

O diamante ético é uma imagem icônica para algo que seja cristalino e reflita um arco de cores como a luz é decomposta ao passar pelo prisma. Em sua analogia, representa a capacidade de sairmos da subjetividade dos direitos sociais, no âmbito constitucional, e promovermos um caráter material dos direitos que promovem a cidadania. E pontua Herrera Flores: "É uma proposta teórica comprometida, que se sabe a si mesma localizada numa perspectiva concreta, a de classes oprimidas, dos excluídos e das lutas por construir espaços onde essa visão da dignidade encontre marcos de transparência e de responsabilidade social que tenham efetividade e aplicabilidade real." (HERRERA FLORES, 2000, p. 129-130).

É por este motivo que a figura do diamante ético é dinâmica, como são os movimentos por direitos, como são os problemas sociais e o desafio de um projeto de sociedade baseado no respeito ao mínimo existencial. Podemos ver esse projeto como um diamante bruto que é formado por diversas camadas, mas sua perfeição é alcançada pelo artífice que lapida a pedra e a torna em uma joia (HERRERA FLORES, 2009).

Os movimentos sociais interpretam a agenda dos direitos humanos, não como uma teoria da justificação ideológica do sistema, dos neocolonialismos contemporâneos, mas podem lapidar a realidade bruta para um cristal translúcido da conquista de direitos que se acumulam, e suas conquistas são resultados do esforço teórico (linha vertical do modelo de diamante) e prático (linha horizontal da figura). Para os direitos humanos, contextualiza Herrera Flores (2005, p. 80), "[...] sua validade não dependerá de alguma esfera evolutivo/geracional, nem de uma esfera moral pessoal incondicionada, senão de sua eficácia ou ineficácia na hora de lutar contra dita forma de dividir e hierarquizar o acesso a tais bens "

A imagem do diamante ético consiste nos seguintes elementos essenciais: teorias, posição, espaço, valores, narração, instituições (linha vertical); e forças produtivas, disposição, desenvolvimento, práticas sociais, historicidade e relações sociais (linha horizontal). Ao centro do diamante, encontra-se a centralidade do modelo a dignidade humana, conforme figura abaixo.

Figura 1: Diamante Ético - Sintaxe da Realidade dos Direitos Humanos

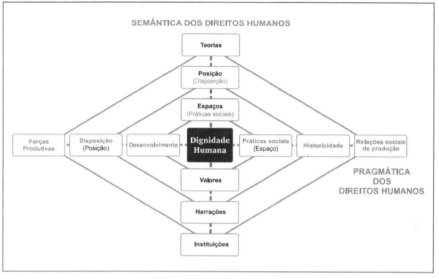

Fonte: HERRERA FLORES, 2009, p. 116.

Herrera Flores (2009) também analisa o diamante a partir de um diagrama que visa ligar os pontos e os conceitos enunciados como elementos constitutivos da análise da realidade, logo, a dignidade humana não é algo abstrato em seu entendimento, mas é tangível ao falarmos de bens materiais e direitos imateriais.

Em diálogo com os autores da teoria crítica, Jürgen Habermas, em *Facticidade e Validade: contribuições para uma teoria discursiva do direito e da democracia*, apresenta a tese de que os sistemas jurídicos caracterizam o que ele denomina sistema de ação. A racionalidade das instituições jurídicas é orientada por princípios que são constitutivos de elementos culturais e da ação comunicativa, características do processo de institucionalização da 'eficácia prática', ressaltada como 'imediata', e que em certo sentido está ausente de juízos morais (HABERMAS, 2020, p. 163).

O filósofo afirma também, em Facticidade e Validade, um retorno seu aos temas jurídico constitucionais, e descreve que a primazia da técnica-jurídica da Constituição diante das normas infraconstitucionais é estruturante do Estado de direitos, mas aceita que este princípio não esgota a complexidade e a 'fixação relativa' do conteúdo das normas constitucionais, pois, como assinalou "[...] toda constituição é um projeto [...]" que transforma em interpretação contínua, a produção normativa (HABERMAS, 2020, p. 179).

Na razão comunicativa, os tribunais desenvolvem uma dinâmica jurídica própria, seguindo o 'procedimento' de dar sentido a norma Constitucional em seus 'rituais' de ação, institucionalizando discursos jurídicos em técnicas de argumentação e estrutura da ação em sua dimensão argumentativa (HABERMAS, 2020).

Quando uma decisão é proferida por um juiz, Habermas (2020, p. 234) entende que dois procedimentos se integram, a saber, "[...] o cruzamento do procedimento jurídico institucionalização com um processo de argumentação que em sua estrutura interna se subtrai à institucionalização jurídica [...]".

É nesse processo dialético e dinâmico que o direito pode ser aberto aos pensamentos alternativos e plurais, superando a 'simples' e superficial visão da aplicação de um código de direito. Em síntese, Habermas entendeu que esta dinâmica procedimental insere os discursos no procedimento jurídico, que protege sua lógica interna, mas expõe o caráter procedimental a determinadas limitações de ordem temporal, social e material (HABERMAS, 2020).

Habermas destacou que, no procedimento democrático, a formação política da opinião e da vontade é submetida a três questões centrais: "[...] como podemos harmonizar preferências concorrentes? Outra questão levantada é quem somos e quem realmente queremos ser? E a questão prática-moral, como devemos agir de maneira justa?" (HABERMAS, 2020, p. 237).

Estas perguntas também são válidas no estudo sobre as evidências científicas de uma transição programática. Conforme demonstrou-se, a recepção dos tratados internacionais de direitos humanos forma uma base jurídica, suficiente, para a efetiva judicialização dos ex-agentes da repressão política, bem como, a garantia do reconhecimento aos danos morais coletivos e de criminalização dos crimes de lesa humanidade.

Ou seja, para reafirmarmos a sua condição discursiva, a justiça de transição e a sua aplicabilidade jurídica, embora reconhecidamente aplicável na esfera internacional, encontrou barreiras na interpretação constitucional da lei de anistia, fruto de um movimento político dos militares. A denominada autoanistia, atribuiu um perdão geral, inclusive aos torturados e ex-agentes que praticaram crimes de lesa humanidade, algo indisponível ao regime jurídico dos tratados de direitos humanos. A importância do caráter reparatório em nosso modelo transicional contribuiu ao direito à memória e à verdade, tendo como condição o reconhecimento dos fatos, e portanto, o não esquecimento. Mas para buscarmos a não repetição, precisa-se efetivamente da responsabilização através da judicialização dos culpados pelos crimes contra a humanidade. A alternativa doutrinária a este quadro tem sido a recepção da teoria do duplo controle, como vamos estudar a seguir.

5.2 A teoria do duplo controle no plano transicional programático

A legislação internacional é recepcionada pelos países que integram sistemas de garantias internacionais de direitos. Os documentos jurídicos firmados entre os países, no âmbito da temática dos direitos humanos, necessitam de um aprofundamento doutrinário e prático. Estas dimensões são alcançadas quando os tratados são objeto de sentenças internacionais, em órgãos judiciais como a Corte Interamericana de Direitos Humanos.

Na Convenção Americana de Direitos Humanos, a Corte tem um papel de receber da Comissão Interamericana de Direitos Humanos denúncias fundamentadas de violações de direitos humanos praticadas pelos países signatários.

Os precedentes jurídicos e suas coleções de sentenças formam um *corpus* estruturante de uma série de temas que passaram a ter, no sistema OEA, uma base interpretativa própria da aplicação do direito dos tratados de direitos humanos na América Latina. Estas decisões e seus fundamentos auxiliam na incorporação da proteção multinível dos direitos e garantias assegurados pela interpretação convencional dos tratados.

Segundo Figueiredo Caldas, a Convenção Americana de Direitos Humanos corresponde a uma constituição supranacional referente a direitos humanos (CAVALLO, 2013). Esta afirmação promove a Corte Interamericana como Corte maior de controle de convencionalidade, tornando-se o mais alto grau de verificação das obrigações dos estados Nacionais, assumidas, na interpretação convencional dos tratados do sistema OEA. Inclusive, diante desse papel, tem se multiplicado os pareceres consultivos que, demandados por um país signatário do Pacto de São José da Costa Rica, podem publicar teses jurídicas baseadas naturalmente no regramento dos tratados e na riqueza da jurisprudência sistematizada.

Valério de Oliveira Mazzuoli apresenta em sua obra *Teoria Geral do Controle de Convencionalidade do direito brasileiro*, que o controle de convencionalidade difuso corresponde ao direito interno de aplicação dos tratados, a partir da promulgação da Constituição de 1988, tornando-se concreto no campo dos direitos humanos com a ratificação pelo Brasil de vários tratados sobre direitos humanos. O controle de convencionalidade concentrada, tem como característica identificar a sua compatibilidade entre normas locais e internacionais (MAZZUOLI, 2013).

Segundo Mazzuoli (2013), em geral, os doutrinadores tratam do controle de convencionalidade como uma dimensão e atribuição das instâncias internacionais de proteção dos direitos humanos, causando uma confusão com o controle jurisdicional da convencionalidade. Na realidade, a legislação constitucional permite a possibilidade de um juiz e ou tribunal nacional controlar a convencionalidade, como também os legitimados do artigo 103/CF1988 (BRASIL, 1988) constituírem proposições ao STF de ações do controle concentrado.

Os direitos e legislações nacionais, nesse sentido, possuem uma dupla compatibilidade no plano vertical material para a sua efetividade jurídica, que precisa estar harmonizada com o controle constitucional e a compatibilidade com os tratados ratificados.

A inconvencionalidade da norma infraconstitucional deveria ser um limitador para o legislador doméstico, ao passo que, pela aplicação do controle de constitucionalidade, uma norma pode deixar de ser válida no plano jurídico, mas ainda continua vigente no mesmo plano (MAZZUOLI, 2013).

A conclusão a que se chega é de extrema importância: "[...] nem toda lei inválida (contrária a um direito previsto em tratado de direitos humanos em vigor no país), não obstante ainda vigente (porque de acordo com a Constituição) [...]" (MAZZUOLI, 2013, p. 769).

Mazzuoli discorda de José Afonso da Silva (2002) sobre sua interpretação do artigo 5º, §3º, da CF/1988. Para o constitucionalista, só haverá inconstitucionalidade (inconvencionalidade) se as normas infraconstitucionais colidirem, e tendo a lei internacional não sido submetida ao rito especial do §3°, a sua recepção ao direito interno se daria como lei de nível ordinária e, como não estaria na altura de uma emenda à constituição, caberá ao juiz aplicar os critérios de antinomia[33], e não um controle de convencionalidade (MAZZUOLI, 2013).

O mesmo autor entende que o rito especial serve para a equivalência do tratado de direitos humanos à norma Constitucional, mas não impede, em absoluto, o controle de constitucionalidade (convencionalidade), o que representaria doutrinariamente dar um caráter superior às nomas domésticas em relação à legislação internacional (MAZZUOLI, 2013).

> *Os chamados direitos implícitos são encontrados, assim como na Constituição, também nos tratados internacionais. Não obstante serem direitos de difícil caracterização (e enumeração) apriorística, o certo é que eles também compõem os direitos previstos nos tratados no âmbito do segundo momento da primeira compatibilização vertical material, sendo um desdobramento dos direitos expressos pelos quais também tem de passar o direito doméstico para que, somente assim, este sobreviva (MAZZUOLI, 2013, p. 775).*

As normas podem também ser analisadas sob uma análise do controle de supralegalidade, que consiste na compatibilidade das normas infraconstitucionais com os tratados internacionais comuns. Como os tratados comuns estão abaixo da constituição e acima das leis ordinárias, eles passam a servir de paradigma de supralegalidade para os repositórios domésticos, e se tornam inválidos se violarem suas disposições (MAZZUOLI, 2013).

---

[33]Critérios de antinomia: a antinomia é a presença de dois comandos normativos conflitantes, válidos e devidamente aprovadas e sancionadas conforme prevê a constituição de um país, gerando uma colisão. O efeito é uma necessidade de se resolver pelos critérios de antinomia qual dos repositórios poderá ter eficácia em determinado caso concreto.

CAPÍTULO 6 - A TRANSIÇÃO PROGRAMÁTICA: DECISÕES QUE EFETIVAM A RESPONSABILIZAÇÃO

6.1 Decisão do STJ – Indenização por danos morais e coletivos

Os casos em tela formam o *corpus* do presente estudo. Para uma melhor compreensão do material analisado nas fontes primárias, entendemos que seria oportuno aqui aprofundar e contextualizar cada caso, apresentando uma abordagem que permita refletir a importância dos julgados e sua relevância transicional. Iniciamos a análise dos casos pelo julgado no Superior Tribunal de Justiça - STJ.

O STJ, órgão de cúpula do judiciário, que tem como objetivo harmonizar a interpretação da legislação infraconstitucional no Brasil, enfrentou o tema da responsabilização civil e danos morais e coletivos dos crimes praticadas por agentes públicos contra a sociedade na ditadura militar.

A principal decisão neste tema, ocorreu em 22 de setembro de 2020. Foi um recurso em sede de Recurso Especial, interposto pelo Ministério Público Federal, contra acórdão proferido pelo Tribunal Regional Federal da 3º Região.

A ação originária era uma ação civil pública ajuizada contra três delegados da Polícia Civil de São Paulo: Aparecido Laertes Calandra; David dos Santos Araújo e Dirceu Gravinha.

Nesta ação, o MPF demonstrou, com farta documentação probatória, a prática de torturas, desaparecimento forçado, e homicídio de pessoas tidas como oposicionistas do regime militar. Entre as vítimas, estão: Hiroaki Torigo, Carlos Nicolau Danielli, Vladimir Herzog, Manoel

Fiel Filho, Joaquim Alencar de Seixas, Aluizio Palhano Pedreira Ferreira e Yoshitane Fujimori.

Na petição inicial, o MPF requereu:

a) a condenação dos particulares a indenizarem regressivamente os familiares das vítimas;

b) a cassação das aposentadorias e cargos públicos efetivos ou comissionados que eventualmente exerçam, bem como vedação à assunção de novas funções públicas;

c) serem condenados a arcar regressivamente pelas indenizações pagas pelo Estado no âmbito do Estatuto do Anistiado Político;

d) condenação dos particulares em danos morais coletivos;

e) condenação dos entes públicos a publicarem pedidos formais de desculpas à sociedade brasileira;

f) obrigar o Estado de São Paulo a fornecer os dados de todos os funcionários envolvidos, sob qualquer forma, nas atividades do DOI-CODI.

6.2 Caso Inez Etiene - Casa da Morte

A ditadura militar possuía casas clandestinas, como 'equipamentos' para tortura dos presos políticos. Uma das mais documentadas é a 'Casa da Morte', na cidade de Petrópolis, no Estado do Rio de Janeiro. A única sobrevivente foi Inez Etienne Romeu, que conseguiu escapar viva e relatou os dias em que viveu no centro de tortura.

Na juventude, Inez atuou no movimento estudantil e depois veio a ser quadro do movimento sindical dos Bancários. Foi presa pela atuação na organização armada conhecida como Vanguarda Popular Revolucionária (VPR).

A organização surgiu em maio de 1968, fruto da cisão da Organização Revolucionária Marxista em São Paulo – Política Operária (ORM-POLOP) e de militantes dissidentes da seção paulista do Movimento Nacionalista Revolucionário (MNR), de inspiração brizolista.

Neste mesmo ano, os seus membros atuaram em ações armadas de repercussão na região do ABC- Paulista e na cidade de São Paulo (REIS; SÁ, 1985). Em julho do ano seguinte, com a união com o Comando de Libertação Nacional – COLINA, assumiu outra identidade, e passou a ser denominada a VAR – Palmares. No mês de agosto de 1969, dirigentes se reuniram em Teresópolis (RJ) para o primeiro congresso da organização (REIS; SÁ, 1985).

Um mês depois, o confronto entre o seguimento dos estudantes e militares desdobrou-se em posições políticas divergentes referentes às estratégias revolucionárias, concepções da combinação da luta armada e lutas sociais, o que levou, após calorosa discussão durante seu congresso, ao racha da organização VAR-Palmares. A VPR foi, então, reconstituída abraçando a teoria de que a resistência seria viável pela resistência no campo, através de ações de guerrilha, e enquanto a tendência que apoiava o princípio do fortalecimento das lutas de massas ficava na VAR (GORENDER, 1987).

Nesse período, a VPR, sob novo comando, passou a realizar uma série de ações condizentes com sua linha política. Vários intelectuais engajados consideram que o esforço em manter uma linha política e militar ofensiva, levou a organização à fragilização e ao isolamento social, facilitando a infiltração[34] de agentes policiais na direção central da organização (GORENDER, 1987).

Em 2017, foi publicado o relatório da Comissão Estadual da Memória e Verdade de Pernambuco, que sistematizou uma série de documentos e analisou fontes secundárias como livros e relatórios, um destes foi o livro *Direito à Memória e à Verdade*, que divulgou o trabalho de mais de uma década da Comissão Especial de Mortos e Desaparecidos Políticos, sistematizando o trabalho dos familiares em suas buscas por justiça e reparação.

O processo de investigação das graves violações de direitos humanos foi aperfeiçoado na medida em que as Comissões da Verdade se dedicaram a esclarecer as circunstâncias e o contexto dos assassinatos e desaparecimentos, dando seguimento a tarefa que foi iniciada pela Comissão de Mortos e Desaparecidos Políticos.

Na Comissão da Verdade Dom Helder Camara de Pernambuco, de acordo com a sistematização e metodologia de trabalho, os partidos clandestinos que atuavam no estado foram distribuídos em relatorias que integravam todos os casos de assassinados e as graves violações por crimes de desaparecimento forçado. Nesse caso em particular, a Relatoria da Vanguarda Popular Revolucionária baseou-se em uma série de documentos, depoimentos, bem como inquéritos instaurados por instituições policiais-militares e revisão de literatura.

---

[34] Cf.: Vivien Ishaq na obra, *Escrita da Repressão e da Subversão*, infiltração ou contraespionagem significam "[...] conjunto de medidas voltadas para a detecção, identificação, avaliação e neutralização das ações adversas de busca de conhecimento ou de dados sigilosos. De acordo com a Escola Nacional de Informação (EsNI), era também a espionagem praticada pelo adversário [...]" (ISHAQ; FRANCO; SOUSA, 2002, p. 117).

Sempre houve um consenso de que os relatórios representavam mais uma contribuição na sistematização das fontes, e não um ponto final nas revelações que possíveis investigações de outros órgãos poderiam ter e realizar.

Desta forma, a investigação do conhecido 'massacre da Granja São Bento' que ocorreu em janeiro de 1973, em um sítio da Região Metropolitana do Recife, onde foram assassinados seis militantes da VPR: Pauline Reichstul, Soledad Barrett, então companheira de Cabo Anselmo, Jarbas Pereira Marques, Eudaldo Gomes e José Manoel da Silva. Para sua efetiva descrição, seria necessário a busca de informações e construção de um relato que desse conta da complexa infiltração de Cabo Anselmo, e de como ele construiu um personagem anos antes do massacre. Relatos e pesquisa de documentos formam o Relatório Final da CEMVDHC (COELHO *et al.*, 2017).

A relatoria dedicou-se a provar que o cerco e o assassinado dos membros da VPR, em Recife, foi planejado pelo menos dois anos antes, basicamente com a prisão de Inez Etienne Romeu e Aloisio Palhano, em maio de 1971,

> *[...] os dois foram presos em São Paulo, em uma operação da OBAN, comandada por Fleury e entregues ao CIE (Centro de Informação do Exército), no Rio de Janeiro. Depois de torturada para prestar informações sobre a VPR e o paradeiro de uma liderança nominada 'Jónatas', Inez ficou sabendo, pelos torturadores, que 'o cabo Anselmo estava preso' e logo faz a ligação com a preocupação dos torturadores em saber sobre Jónatas e se ela o havia reconhecido. Lembrou também que Iara Iavelberg lhe confidenciou que Jónatas era o 'cabo' Anselmo, informação essa repassada a Maria do Carmo Brito (Lia), no Chile. (COELHO et al., 2017, p. 279).*

Inês Etienne percebeu que as perguntas dos torturadores eram baseadas em informações muito restritas da organização, que só podiam ser fornecidas por alguém de dentro do partido. Resistiu, portanto, à pressão de seus algozes e perguntou por Anselmo, sendo informada de que "[...] ele já está solto e trabalhando para nós [...]" (COELHO *et al.*, 2017, p. 279).

As prisões de militantes da VPR continuaram e José Raimundo da Costa, também marinheiro, pernambucano, soube da prisão de Anselmo, restabeleceu contato com ele e Anselmo admitiu a prisão, mas alegou que os agentes não teriam reconhecido sua identidade verdadeira.

Em 05 de julho de 1971, um grupo de militantes da ALN estabeleceu contato com Anselmo e, quando deixam o ponto, foram perseguidos pelo delegado Fleury, o que confirmou, para a direção da ALN, a colaboração de Jônatas (Anselmo) com a OBAN. Em 5 de agosto de 1971, aconteceu a prisão do dirigente da VPR José Raimundo da Costa, 'Moisés', no bairro de Pilares, Rio de Janeiro. No dia seguinte, foi assassinado. (COELHO *et al.*, 2017).

A CEMVDHC, em suas buscas, localizou, no acervo do DOPS de São Paulo, documento nominado José Anselmo dos Santos – Declarações prestadas nesta Especializada de Ordem Social, nº 03/209, de 04 de junho de 1971, onde o registra-se que interrogado, Anselmo informa seu cotidiano, contatos até junho de 1971, informando dados dos "[...] militantes e endereços [...]" e também, "[...] os locais e datas de pontos futuros com José Raimundo da Costa e José Manoel da Silva [...]" Coelho (2017, p. 280). No final do ano de 1971, já infiltrado, Anselmo consegue restabelecer o contato com Onofre Pinto e viaja para o Chile. Outro documento fundamental para entender sua atuação de agente duplo é o documento secreto nº 09/143, denominado 'Relatório de Paquera' (SÃO PAULO, [197-])[35], contendo informações sobre a cúpula da VPR e sobre encontro com Onofre Pinto e outros militantes. Anselmo informou, no documento:

> [Disseram que São Paulo era muito perigoso, que havia notícias de infiltração. Respondi seguro de que na área que me fora confiada não, porque minhas bases não atuavam, eram infra, povo. Se havia era do lado de Moisés não havia me passado. Además minha tarefa principal, fora orientar o nordeste, para onde deveria ser transferido definitivamente. Perguntaram-me

---

[35] Os colaboradores denominados 'cachorros' escreviam relatórios sistemáticos, abordando aspectos da organização e das pessoas observadas, e por isso, nominou-se paquera (uma gíria policial para as campanas).

pelo cabo. Respondi que estava vivo e em segurança. Perguntaram pela moça (Guariba) que caiu, que era contato daquela com quem eu me encontrava (T. Angelo). Eu não sabia os contatos com ela eram feitos pela moça que ligava com a direção (T. Angelo) compartimentados de mim.[...]].(SÃO PAULO, [197-]).

O primeiro passo do planejamento de Anselmo foi assumir a liderança da VPR no Brasil, e o plano é executado com o sequestro e assassinato do ex-sargento da Marinha, José Raimundo da Costa, 'Moisés', no Rio de Janeiro, em 05 de agosto de 1971, após ter sido preso pelo DOI-CODI/RJ. Nesta mesma data, foram presos Paulo de Tarso Calestino e sua companheira Eleni Guariba. E continua o 'Relatório de Paquera', repassado aos órgãos de segurança, descreve sua conversa com Onofre Pinto como fluida e fácil.

Em seguida, trata da sua ida ao Chile, como uma 'situação rigorosamente calculada'. Buscou demonstrar que era o legítimo 'herdeiro moral e político' de Palhano[36], demonstrou no relatório tristeza pelas quedas[37] de J. Maria[38] (Aribóia) e Quaresma (Paladido), e por último falou do Nordeste como uma área importante para a guerrilha no campo e, neste item, apresentou a inusitada ideia de usar tuneis cavados pelos holandeses para esconderijo, algo que pareceu propício para membros da organização que não conheciam nada da geografia da região a ponto de acreditarem na ideia de escavações holandesas a serem recuperadas. "Enquanto isso, continuaria orientando o Nordeste, onde tínhamos excelentes condições, faltando o contato com ALN, para refazer o trabalho de cidade. Não tive outra saída. A pressão contra São Paulo e

---

[36]Aluísio Pallhano Pereira Ferreira – foi por duas vezes presidente do Sindicato dos Bancários e em 1963 foi eleito presidente da Contec e vice-presidente da antiga CGT. Exilado no México, seguiu para Cuba e em 1969, representou o Brasil na OLAS, em Havana Cuba. Voltou clandestino ao Brasil em 1970.

[37] Cf.: Vivien Ishaq na obra, *Escrita da Repressão e da Subversão*, 'queda' significa Segundo o Dicionário da Subversão, publicação e difundida pelo Centro de Informações de Segurança da Aeronáutica (CIsa), era a prisão de militantes, apreensão de material ou descoberta de aparelho. (ISHAQ; FRANCO; SOUSA, 2002, p. 252).

[38] José Maria Ferreira de Araújo (Ariboia) foi preso no dia 23 de setembro de 1970 pelo DOI-Codi/SP, torturado.

Rio é muito forte. Satisfiz com meu o relatório do existente, sem detalhes maiores [...]". (COELHO *et al.*, 2017, p. 280).

A relatoria do caso da CMVDHC conseguiu entrevistar Maria do Carmo Brito (Lia), militante da VPR exilada no Chile. No seu depoimento, descreveu como passou informações ao comando da VPR que estava em Santiago, trata-se da informação da colaboração de Anselmo, enviada por Inez Etienne, acusação rechaçada por Onofre Pinto e pelo próprio Anselmo que revida, acusando Maria do Carmo Brito de ser agente infiltrada da CIA (COELHO *et al.*, 2017).

No citado 'Relatório de Paquera', a decisão de Onofre Pinto é de apoiar a versão de Anselmo, e considerando seu controle do dinheiro da organização e dos contatos com os membros da organização em outros países, principalmente em Cuba, Anselmo estava salvo. Em outra parte do documento, com o título: Situação e Programa dos Militantes da VPR no Exterior; destaca:

> *[...]Além de contar com toda rede de informação e propaganda internacional, apoio financeiro, apoio de organizações como o Partido Comunista Italiano, os dirigentes tem os olhos voltados para uma nova estrutura centralizada. Onofre no Chile, Shizuo em Cuba, Jamil na Argélia e outros pelo mundo, concluíram por, trabalhar em todas as frentes e centralizar finanças e informação nas mãos de três comandantes: Onofre, Shizuo e Diógenes. Contam com 700 mil dólares, resgatados do cofre do Ademar. <u>Onofre colocou a minha disposição, para o Nordeste e preparar bases que se tornassem autossuficientes e produtivas, até 300 mil dólares [...].</u>(COELHO et al., 2017, p. 280).*

Anselmo usou a sua influência junto à Onofre Pinto para conseguir dissuadi-lo de qualquer suspeita da infiltração e, na sequência do documento, percebe-se que ele sabia que os seus contatos seriam eliminados quando pede que a 'solução final' não fosse aplicada no caso de Soledad Barret Viedma, "[...] **Caso seja possível, caso seja possível desejar que sua solução final fosse expulsão do Brasil, ou pelo menos, não fosse extrema. Quanto a(o)s outr(a/o)s pessoas que**

140

estão por aqui, ignoro quais sejam suas nacionalidades ou nomes. Já saberemos [...]" .(COELHO *et al.*, 2017, p. 280, grifo nosso).

Luiz Otávio de Lima, em *Os Anos de Chumbo: a militância, a repressão e a cultura de um tempo que definiu o destino do Brasil*, observou sobre a infiltração de Anselmo que este foi acompanhado de outro agente, que será objeto de outra ação judicial na esfera penal, que iremos tratar no sequestro e desaparecimento de Edgar Aquino Duarte. Trata-se de César, ou melhor Carlos Alberto Augusto, também conhecido como 'Carteira Preta', que tinha uma função de dar cobertura ao disfarce de Daniel, e ao mesmo tempo controlar a ação do 'cachorro' como eram apelidados os infiltrados (LIMA, 2020).

Paulo Magalhães (falecido em 2014) relata que a 'Casa da Morte' era usada para pressionar os presos a mudarem de lado e passarem a ser informantes infiltrados (COELHO *et al.*, 2017). Nesse sentido, não desconfiando de nada, Inez fingiu que estava trocando de lado para escapar do cativeiro, e topou a proposta de ser infiltrada na organização VPR.

Os agentes da repressão fizeram-na assinar vários documentos e a gravar um videoteipe, onde apresenta-se como agente infiltrada do regime e com proventos resultantes de sua 'nova condição'.

Ao contrário do que se esperava, Inez Etienne livre passou a denunciar todas as barbaridades a que foi submetida, como sevícias sexuais e tortura. Seu relato, como única sobrevivente da Casa da Morte[39], é um marco na possibilidade de remontar o quadro de violações que ocorreram na época.

Relatou que, diante de tantos sofrimentos causados pelas condições cruéis e desumanas, tentou suicídio por quatro vezes. Mas todas foram revertidas por médicos que atuavam no 'atendimento

---

[39] A 'Casa da Morte', segundo a CNV "foi um centro clandestino de tortura, execuções e desaparecimento forçado de pessoas, criado, organizado e mantido pelo Centro de Informações do Exército (CIE)" (BRASIL, CNV, p. 797).

médico', para impedir que morresse (ORDEM DOS ADVOGADOS DO BRASIL, 2013).

Os fatos foram reafirmados por Inez em depoimentos que estão disponíveis nas Comissões da Verdade do Estado do Rio de Janeiro, da Nacional da Verdade e pelo Ministério Público, em 2013. Em todas as oportunidades, há o reconhecimento dos acusados por fotos da época.

O Ministério Público concluiu que Inez Etienne Romeu foi ameaçada e, contra sua vontade, estuprada e seviciada duas vezes pelo denunciado Antonio Waneir, ex-agente vivo e identificado, entre vários outros que ou já morreram ou não foram identificados. E, conforme demostrado, os estupros "[...] foram executados mediante recurso que tornou impossível a defesa da vítima, que foi sequestrada, subjugada, torturada e mantida sob forte vigilância armada [...]" (COELHO *et al.*, 2017, p. 217).

6.3 Caso Edgar Aquino Duarte

O pernambucano Edgar Aquino Duarte, natural de Bom Jardim (PE), nascido em 1941, de família humilde, ingressou na Marinha, conseguiu com seus esforços chegar à patente de Cabo do corpo de Fuzileiros Navais do Brasil. Na sua época como militar, os marinheiros eram tratados como um grupamento sem direitos dentro da corporação. E foi justamente a luta por condições de trabalho que motivou a Associação dos Fuzileiros Navais a protagonizar a chamada 'Revolta dos Marinheiros', em 1964. Nesta movimentação, que acabou contribuindo para a deposição de João Goulart, Edgar conheceu Anselmo, de quem se tornaria amigo, além de clandestinos políticos, após o golpe civil-militar de 1964.

Seguiu para Cuba e depois de alguns anos decidiu desistir da luta armada, voltou ao Brasil como o nome de Ivan Marques Lemos, e passou a ter uma vida legal, onde chegou a trabalhar na Bolsa de Valores, em São Paulo, capital, como corretor.

Mesmo distante dos grupos e partidos clandestinos, Edgar encontra-se com Anselmo, no viaduto do Chá e, como amigo, convidou o mesmo para residir temporariamente em seu apartamento, no final de 1970. Anselmo foi detido por uma equipe do DEOPS/SP, em junho de 1971. Em documento datado de 4 de junho de 1971, fez cinco citações sobre Ivan.

Nove dias depois da prisão de Anselmo, em 13 de junho de 1971:

> *Edgar Aquino foi sequestrado, retirado de sua residência à Rua Martins Fontes, 268, apto 807, por ordem do delegado Sérgio Paranhos Fleury. No DEOPS-SP, prestou vários depoimentos sob tortura e ficou, por tempo indefinido, na sala nº 4 no 'fundão' (celas isoladas). Foi conduzido depois por outros órgãos de repressão como: DOI-CODI/SP, DOI-CODI/Brasília e no Batalhão de Caçadores de Goiana, até a data de seu desaparecimento em junho de 1973, em São Paulo. Seu nome consta em uma lista no arquivo do DOPS-PR, junto a outros 17 nomes identificados como 'falecidos' [...] (COELHO et al., 2017, p. 302).*

A versão dos órgãos de segurança é que Edgar Aquino foi detido em seu apartamento, para averiguações, em 13 de julho de 1971, por agentes do DOPS-SP em conjunto com o DOI-CODI/SP. Em nenhum documento em seu prontuário registra qualquer tipo de acusação sobre qualquer delito penal ou de outra natureza, como a Lei de Segurança Nacional (COELHO *et al.*, 2017).

Uma das testemunhas sobre o sequestro de Edgar Aquino é Jorge Barrett, que foi ouvido pela Comissão Estadual da Memória e Verdade Dom Helder Camara, no dia 14 de novembro de 2013. No testemunho, relatou seu sequestro e depois sua transferência para São Paulo, onde encontrou Edgar Aquino, que estava preso no DOI-CODI/SP.

Jorge Barrett, que na época morava em Recife, sobreviveu ao denominado Massacre da Granja São Bento. O massacre, em que sua irmã Soledad Barrett foi brutalmente assassinada ao lado de Pauline Reichstul, Eudaldo Gómez da Silva, Jarbas Pereira Márquez, José Manoel da Silva e Evaldo Luiz Ferreira, todos integrantes do VPR.

O Massacre foi planejado e organizado através das informações que Anselmo trazia como agente infiltrado e controlado por Fleury na VPR, algo que Edgar Aquino não imaginava, mas a verdade foi revelada por Jorge Barret:

> [...] *aquele Fundão tinha três celas paralelas e uma transversa, assim, que dava pra ver as janelinhas dessas outras três. Só dessa, era a única cela de que a gente podia ver quem estava dentro da janelinha. Na primeira estava* **José Genoíno Neto,** *hoje todo mundo sabe quem é. Na segunda cela estava Edgar de Aquino Duarte e lembro que é Edgar* **DE** *Aquino Duarte, às vezes aparece sem o* **DE** *[...] (COELHO et al., 2017, p. 303).*

Jorge relatou que, no terceiro dia de sua estada no DOI-CODI/SP, conseguiu contato com José Genoíno e com Edgar de Aquino Duarte. Os presos trocavam informações de onde vieram para encontrarem conexões para suas prisões ou perseguições. Edgar, então, relatou seu encontro com José Anselmo dos Santos, em suas memórias, lembrava que Anselmo acreditava que sua prisão renderia um prêmio de 45 mil dólares, pelo fato de ter sido treinado em Cuba. Não havia nesse momento nenhuma relação entre a prisão de Edgar e de Jorge, mas o quadro muda quando algumas informações passam a se encaixar, como um enorme quebra cabeças.

As primeiras peças foram juntadas quando Jorge e Genoíno foram buscando características físicas de Jadiel (codinome de Cabo Anselmo), como a semelhança com Ho Chi Min, semelhança que aumentava quando lembravam do rosto do cabo sem barba. Outras características passaram a ser lembradas, como o andar e suas preferências por calças de pano tipo cotelê, camisas de mangas compridas, com dois bolsos, geralmente lisas, sem estampas. Outra característica era o uso das câmaras e um gravador pendurado no ombro.

> [...] *Então depois já entramos em detalhes de descrição da pessoa e ERA A MESMA PESSOA. Aí então, o Edgar de Aquino Duarte, que tinha assim uma voz profunda, uma voz que saía lá de dentro, parecia que saía da sua alma não da sua garganta [...] de repente eu estou me perguntando: 'Eu digo ou não digo pra esse homem que é o mesmo? Digo ou não digo pra Edgar que o mesmo cara de lá, que é policial, é aquele que estão querendo*

dizer pra ele que está morto? Que ele acredita que está morto e que é um herói?'. (COELHO et al., 2017, p. 303-304).

Uma cortina se abriu e Barrett revelou a verdadeira motivação da prisão de Edgar. Ele estava detido para não revelar a verdadeira identidade de Anselmo. Tudo fazia sentido, seu amigo era na verdade seu principal delator, que sabia de sua passagem em Cuba, bem como Edgar conhecia Anselmo e preso, a operação de recrutamento de guerrilheiros continuava, sem o risco de sua infiltração ser revelada.

A crueldade do sequestro de Edgar Aquino e seu martírio no fundão do DOPS de São Paulo é de extrema gravidade. Jorge Barret revelou, em seu depoimento, que Edgar não era identificado por ter passado mais de dois anos preso e por que não tinha direito ao banho de sol. Sua detenção transformou-se em prisão perpétua e seu assassinato nunca revelado. Seu corpo nunca entregue a sua família, em suas palavras para Jorge diz,

> ***Eles dizem que vão me soltar, eles dizem que vão me soltar, mas eu acho que eu vou morrer, eles vão me matar'.*** *Cortaram o cabelo, estava levando sol [...] eu até que durante muito tempo tive a esperança de que ele estivesse vivo e simplesmente se afastou de tudo, solto e se afastou de tudo. Mas hoje não tenho mais essa ideia, tenho uma forte suspeita de que [...] ele tinha um valor e não iam poupar isso por caridade (se emociona) [...]. (COELHO et al., 2017, p. 303-304, grifo nosso).*

Na condição de relator do Caso Edgar Aquino Duarte, na Comissão da Memória e Verdade Dom Helder Camara, em 17 de julho de 2013, em Brasília, na Câmara dos Deputados, tomei o depoimento do deputado federal José Genuíno Neto. Em relação ao caso Edgar Aquino, seu depoimento é comovente. Encontrava-se detido, ao lado de Edgar, e em seguida relata o seu encontro com Jorge Barrett, no dito 'Fundão' do DOPS, a busca por informações era comum entre os presos, principalmente entre casos de grande repercussão como o assassinato de Soledad.

> *[...] eu estava há um ano incomunicável, eu estava há dois anos no Araguaia, portanto eu estava há três anos fora da cidade e o Edgar estava há mais de um ano incomunicável, a gente nem imaginava que estivessem acontecendo*

> *aquelas mortes depois de tantas mortes. Nós começamos a perguntar ao Jorge Viedma o que é que era aquilo. Aí o Jorge disse que estava passando ali por que era menor de idade e ia ser deportado para o Paraguai, e isso a gente falava a noite, não é? E certamente que eu acho que essas falas eram gravadas pela equipe do então delegado Fleury. E que ele e a irmã dele tinham sido vítimas de uma emboscada a partir de um ex integrante da luta armada que trabalhava pra repressão, isso ele falou em geral. Aí nós começamos a perguntar quem era. Nós começamos a perguntar quem era e ele falava 'Não, um nome importante' [...] (COELHO et al., 2017, p. 304-305).*

Semelhante ao depoimento de Jorge Barrett, Genuíno reafirmou o quadro de confusão que havia sobre a infiltração de Anselmo. Basicamente, na prisão eles começam a identificar o quadro de prisões e o fato de Anselmo ser, entre Jorge e Edgar, o elo perverso de um massacre sem precedentes.

> *Mas ninguém tinha noção de nada e aí ele começou a falar as iniciais do nome C. A, mas quê que é C. A? Não era o nome verdadeiro dele. Falava C.A. Aí nós começamos [...] e isso durou semanas e semanas, aí começamos a perguntar as características dele e ele foi dando as características. Aí, numa dessas conversas, à noite, o Edgar começou a bater violentamente na parede, batia pesadamente na parede: 'filho da puta', pá (batida na parede), não sei o quê, pá, pá, pá [...] Ele foi se convencendo, foi se descobrindo que era o cabo Anselmo. É que o Aquino, o Edgar de Aquino, dizia pra mim, que ele estava desaparecido, que estava preso clandestino, por que ele, o cabo Anselmo, tinha passado na casa dele, e é bom deixar claro que o Edgar conhecia o cabo Anselmo da militância na Marinha [...]. (COELHO et al., 2017, p. 305).*

Os depoimentos comprovam que Edgar Aquino foi preso para que a repressão continuasse seu plano de infiltrar Anselmo nas organizações de esquerda. O investimento deu resultado, e durante os três anos de detenção arbitrária de Aquino, dezenas de pessoas foram presas, torturadas e muitos foram mortos em decorrência das informações prestadas por cabo Anselmo.

6.4 Manoel Lisboa e Emmanuel Bezerra dos Santos - RESP - TRF 3° Região

O Ministério Público Federal conseguiu uma importante decisão, em sede de recurso no Tribunal Regional Federal da 3° Região – TRF 3° Região. Neste julgamento, o réu médico legista Harry Shibata é acusado de elaborar laudos necroscópicos falsos, com o objetivo de encobrir os sinais de tortura de Manoel Lisboa e Emmanuel Bezerra dos Santos, que foram sequestrados em Recife, levados para São Paulo e entregues clandestinamente para o delegado Sergio Fleury.

Emanuel Bezerra dos Santos nasceu em 17 de junho de 1943, em São Bento do Norte/Praia de Caiçara – RN, filho de Joana Elias Bezerra e Luiz Elias dos Santos. Presidente do Diretório Central dos Estudantes da UFRN, participou do 30° Congresso da UNE em Ibiúna - SP. Integrou o Partido Comunista Brasileiro (PCB) e o Partido Comunista Revolucionário (PCR). Foi sequestrado em Recife, no dia 16/08/1973, levado para o DOPS- PE e transferido para São Paulo, pelo policial e torturador Luiz Miranda, do DOPS de Pernambuco.

> *O caso de EMMANUEL é ainda mais emblemático do crime de desaparecimento forçado. Em local e data incerta, foi capturado pela Operação Condor, e levado para o DOI CODI do II Exército, onde foi barbaramente torturado por meio de mutilação de seus membros, além de ter sido submetido ao chamado 'colar da morte', e após, morto por disparo de arma de fogo. A permanência de EMMANUEL nas dependências do DOI CODI do II Exército nunca foi reconhecida. Nem mesmo seu sequestro, pela Operação Condor, é objeto de reconhecimento ou de comprovação documental. (SÃO PAULO, 2021b).*

Manoel Lisboa Moura nasceu no dia 21 de fevereiro de 1944, em Maceió - AL, filho de Iracilda Lisboa de Moura e Augusto Moura Castro. Estudante de Medicina da UFAL e militante do Partido Comunista Revolucionário (PCR). Preso em Recife, no dia 17 de agosto de 1973, foi levado para o DOPS - PE, onde sofreu torturas pelo agente Luiz

Miranda, que o entregou ao delegado do DOI - CODI de São Paulo, Sergio Fleury.

> *Em razão da militância política, em 16 de agosto de 1973, MANOEL – que se encontrava pacificamente em uma praça em Recife/PE – foi preso (sequestrado) por agentes da repressão, em uma verdadeira operação de guerra. Foi algemado, agredido e arrastado para um veículo, sendo levado ao DOI-CODI do IV Exército, onde sofreu as mais terríveis torturas. Durante quase 20 dias MANOEL foi espancado, eletrocutado, empalado, queimado, submetido ao pau-de-arara e à cadeira do dragão e, ao final, alvejado por disparos de arma de fogo. MANOEL foi transferido clandestinamente para São Paulo – local onde foi enterrado – não havendo notícias ou registros de como ou quando ocorreu esse deslocamento, tampouco se se encontrava vivo ou morto quando chegou no II Exército (São Paulo). As tentativas dos familiares e amigos em saber o paradeiro de MANOEL – e, posteriormente, de seu corpo – foram em vão até muitos anos depois da morte. (SÃO PAULO, 2021b).*

A 11º Turma do TRF 3º Região entendeu, por maioria, que o crime de falsidade ideológica integra os atos praticados pelos ex-agentes da repressão política na sistemática violação de direitos da população civil, de uma maneira em que as vítimas não poderiam reagir e nem mesmo tiveram seus direitos fundamentais respeitados, configurando o crime contra humanidade. Com a decisão, a prescrição foi afastada, e coube à primeira instância da Justiça Federal julgar o pedido do Ministério Público Federal, pela condenação do legista, como consta na inicial:

> *Outro fato corrobora a intenção dos agentes – dentre eles SHIBATA – de ocultarem as torturas sofridas pelas vítimas. Inexplicavelmente, mesmo após a Requisição de Exame e os Laudos constarem corretamente os nomes de MANOEL e EMMANUEL, ambos foram enterrados como indigentes, em caixão lacrado e em sepultura que não podia ser identificada pela família no Cemitério de Campo Grande, em São Paulo/SP. Inclusive, em razão das condutas perpetradas, com a participação consciente de SHIBATA – que era um contumaz auxiliar do regime militar, os restos mortais das vítimas só foram localizados e identificados quase vinte anos depois, em 1992. [...] Percebe-se, assim, que a denúncia oferecida descreve de forma minuciosa uma sequência de atos que culminaram com o desaparecimento forçado e MANOEL e EMMANUEL (SÃO PAULO, 2021b).*

Em vários estados, o mesmo aconteceu com a conivência de médicos e legistas da polícia científica. O regime de medo instalado no país consistia também no aparato, não só repressivo, como um sistema de ocultação de provas para impedir qualquer responsabilização dos agentes envolvidos. Estes delitos serão analisados posteriormente, à luz do direito internacional e do conceito de transição programática.

6.5 Povo Krenak - 14ª Vara Federal de Minas Gerais - Belo Horizonte

Uma das ações movidas pelo MPF foi a Ação Civil Pública sobre o caso do povo Krenak, contra o Estado Nacional, bem como, contra o Estado de Minas Gerais, FUNAI, Fundação Rural Mineira (Ruralminas) (extinta e substituída pelo Estado de Minas Gerais) e Manoel dos Santos Pinheiro. A etnia Krenak foi submetida a um verdadeiro genocídio, no sentido de serem perseguidos em sua identidade e território. Seus grupos familiares foram desagregados em reformatório Krenak para as crianças, e manicômio para os adultos.

No dia 13 de setembro de 2021, a magistrada Anna Cristina Rocha Gonçalves, juíza federal substituta, 14ª Vara/SJMG, reconheceu as provas apresentadas pelo MPF, no sentido de configurar, através de depoimentos, vídeos, acervo levantado pela Comissão Nacional da Verdade, o reconhecimento dos graves crimes praticados contra a população Krenak.

O quadro de violação do povo Krenak não é diferente do restante da população indígena brasileira, que tem um dos mais longos históricos de violações de seus direitos, pela própria construção do país, através da ocupação portuguesa que consolidou uma colônia fundamentada na expulsão dos índios de seus territórios para a construção da 'civilização'.

A ditadura militar aprofundou este estado de coisas ilegais em relação aos povos originários, a ponto de a Comissão Nacional da Verdade dedicar um capítulo sobre Violações de Direitos Humanos dos

Povos Indígenas (BRASIL, 2014). A importância histórica e jurídica se dá pelo fato de ser o primeiro documento oficial do Estado Nacional a reconhecer graves violações contra os povos indígenas no Brasil.

O ineditismo vai além do próprio relato, mas pela abordagem do contingente de mais de oito mil índios mortos pelo regime ditatorial mais longo da América do Sul e seu projeto desenvolvimentista legitimado pela legalidade autoritária (PEREIRA, 2010).

A política indígena, embora tivesse conquistado um novo documento legal chamado Estatuto do Índio, em 1973, era pautada por conceitos eugenistas e pelo fortalecimento do poder local, que representava uma política de 'desenvolvimento' na qual o índio era considerado um empecilho. Negou o reconhecimento a estes povos, e promoveu-se um verdadeiro ataque ao território e seus costumes, fortemente criminalizados (MAGALHÃES, 2015).

O relatório da CNV (BRASIL, 2014) demonstrou como a ditadura consolidou uma política de ataques sistemáticos ao direito territorial dos povos originários. A construção das reservas representava, na verdade, uma política de segregação dos índios de suas terras originárias para favorecer o avanço de grileiros em seus territórios.

Partindo da análise de Juliana Neuenschwander Magalhães, podemos identificar um paradoxo na política indígena da ditadura militar:

> *[...] enquanto se fortalecia o discurso da preservação, do respeito à diversidade cultural e do direito dos índios às suas terras, garantindo-o juridicamente pela via da Constituição e do Estatuto do Índio, em nome do desenvolvimentismo econômico procedeu-se à expropriação e extermínio de vários povos indígenas [...] (MAGALHÃES, 2015, p. 5).*

A Comissão Nacional da Verdade revelou um dos documentos mais emblemáticos desse período, o denominado 'Relatório Figueiredo'. Documento resultado de uma investigação promovida pelo Ministério Público Federal do Paraná, em 1967. Trata-se de um documento com mais de 7.000 páginas e 30 volumes que documenta torturas, prisões abusivas, assassinatos, trabalho análogo à escravidão e apropriação dos bens dos indígenas, como seus territórios, por funcionários de diversos níveis do órgão do Serviço de Proteção do Índio (SPI). Sem falar da corrupção praticada por agentes de todos os níveis dos governos estaduais e a conivência do judiciário (BRASIL, 2014).

No caso Krenak, o general Oscar Geronymo Bandeira de Melo, presidente da Fundação Nacional do Índio (FUNAI) entre 1970 e 1974, é identificado como o formulador do reformatório Krenak, um dos capítulos mais cruéis e desumanos documentados e relatados pelos sobreviventes. A sede do reformatório tornou-se um local de torturas, assassinatos, sevícias e desaparecimento forçado de indígenas. Um verdadeiro campo de concentração.

CAPÍTULO 7 - ANÁLISE QUALITATIVA DAS DECISÕES JUDICIAIS PESQUISADAS

7.1 Identificação e fichamento das decisões

A pesquisa para esta tese identificou no *corpus* das decisões judiciais de 2019-2021, na Justiça Federal e nos Tribunais de segunda e terceira instância, cinco precedentes que contemplam os critérios da efetivação da tutela multinível transicional programática de direitos humanos. Nesses documentos, foi aplicado um fichamento dos argumentos jurídicos incorporados nas referidas decisões. Formamos uma cartografia dos múltiplos argumentos acolhidos, bem como os seus contrapontos apresentados em votos separados que foram derrotados, para demonstrar o caráter plural dos debates travados na esfera judicial. Na medida em que os argumentos foram classificados e organizados pelas categorias de análise, procuramos garantir a integralidade das fontes primárias, dando originalidade ao pensamento jurídico e garantindo, assim, a referência de onde constam nos fichamentos, que constam em anexo, para checagem e identificação das fontes. Na sequência dos resultados encontrados, construímos conclusões que podem afirmar a tese original apresentada no capítulo metodológico.

Identificamos algumas macros teses jurídicas que, sistematizadas, representam o reconhecimento da necessidade do pilar da responsabilização seja civil, penal ou administrativa dos agentes da ditadura bem como no âmbito dos direitos coletivos e difusos tutelados pela missão constitucional do Ministério Público Federal.

7.2 Acervo probatório: reconhecimento do valor jurídico das provas documentais, depoimentos e das informações sistematizadas pelo MPF

O acervo probatório, em processos judiciais, é uma peça importante, ainda mais quando se trata de elementos de prova que são constitutivos de várias etapas que formam o contexto do crime complexo e de violação aos direitos humanos.

No caso Inez Etienne Romeu, na ação do MPF contra Antônio Wainer Pinheiro Lima[40], conhecido como 'Camarão', um dos pontos da decisão foi analisar e reconhecer o farto acervo probatório colecionado pelo *parquet* sobre a atuação do réu na chamada 'Casa da Morte'.

O equipamento clandestino foi fartamente documentado e sua existência provada através da resistência da única sobrevivente das torturas praticadas naquele recinto, Inez Etienne Romeu.

Em 8 de março de 2017, o juiz Alcir Luiz Lopes Coelho cita a Lei nº 6.683/1979 (Lei da Anistia, para 'crimes políticos ou conexo com estes' entre 1961 e 1979) e um decreto de 1895, afirmando que anistia, no seu entendimento uma vez concedida, é irrevogável e assumida como direito adquirido. E, ainda, desconheceu o caráter probatório até mesmo dos depoimentos de Inez Etienne Romeu em instâncias administrativas dos organismos de Estado, promovidos por legislação própria, a fim de reestabelecer a verdade, e fez ilações das ações que respondeu na Justiça Militar, como forma de desacreditar o seu relato. A posição do juiz foi enfrentada na decisão da lavra da desembargadora Federal Simone Schreiber. Em seu voto, fez questão de destacar o oposto. Reconheceu o argumento do Ministério Público Federal de que a prisão de Inez Etienne fora amplamente reconhecida pelo Estado Brasileiro, desde a

---

[40]Ex-agente vivo e identificado através de uma série provas obtidas pelo Ministério Público Federal, outros torturadores e integrantes da rede de comando da 'Casa da Morte' já não foram identificados e outros já morreram.

data de 5.05.1975, e seu sequestro perdurou até 29.08.1979. Como destacou que o STF tem uma jurisprudência consolidada sobre 'a palavra da vítima', entendendo como espécie probatória positividade no art. 201 do CPP, nos crimes praticados – à clandestinidade – destaca, e no contexto das relações domésticas e também contra a dignidade sexual. Ressalta a importância desta espécie probatória, principalmente por ajudar a trazer vários indícios que colaboram, com detalhes necessários, ao processamento dos elementos probatórios necessários para o confronto dos demais elementos colhidos na instrução processual. E argumenta a noção do direito fundamental do depoimento ser elemento de prova por crimes praticados à clandestinidade, ressaltando, neste ponto uma comprovação da transição programática, por se tratar de direitos humanos reconhecidos na ordem constitucional democrática:

Nota-se, portanto, que mesmo em um cenário de normalidade democrática, o Judiciário reconhece a desvantagem processual dos ofendidos nos crimes praticados à clandestinidade. Maior razão, portanto, em se atribuir maior relevância às narrativas por eles apresentadas quando os crimes denunciados forem inseridos em uma conjuntura de violações sistemáticas e generalizadas de direitos, já que o aparato estatal atuava para esconder os atos de seus agentes e obstar a apuração dos delitos. (RIO DE JANEIRO, 2019).

Na reforma da decisão da primeira instância, o Tribunal reconheceu o contexto de 'violações sistemáticas e generalizadas' a que eram submetidas as presas, por motivos políticos, ainda mais quando se tratou de uma mulher organizada em grupos de resistência armada. Inez teve sua dignidade aviltada por atos e delitos cruéis e desumanos, conforme relatos prestados em vários espaços e reconhecidos por outros que viveram em condições análogas, de torturas físicas e psicológicas.

Outra decisão emblemática, foi proferida em 06 de maio de 2021, pelo juiz Silvio César Arouk Gemaque (SÃO PAULO, 2021a), da 9ª Vara Criminal Federal de São Paulo, que acolheu os depoimentos como prova. Proferiu a primeira condenação penal em relação a crimes cometidos durante o regime de exceção, que condenou Carlos Alberto Augusto,

'Carlinhos Metralha' (delegado de polícia civil aposentado de São Paulo), que atuava no Departamento Estadual de Ordem Política e Social de São Paulo (DEOPS/SP), pelo crime de sequestro e cárcere privado de Edgar Aquino Duarte, prática prevista no artigo 148, § 2º, c.c. o art. 29, ambos do Código Penal, à pena de 02 (dois) anos e 11 (onze) meses de reclusão, em regime inicial, semiaberto.

Como argumento jurídico, o juiz Silvio César Arouk Gemaque reconheceu que a acusação conseguiu provar o crime de desaparecimento forçado de pessoas, cuja tipificação, no caso em concreto, como crime de sequestro, pela falta no direito brasileiro de uma definição mais específica, e definiu o delito como crime contra os direitos humanos.

Esta decisão é um marco no judiciário nacional porque, pela primeira vez, houve uma sentença que reconheceu como crimes contra a humanidade os delitos praticados na ditadura militar, em decisão da justiça federal. O caráter sistemático de violações de direitos humanos foi provado pelas provas apresentadas pelo Ministério Público Federal nos autos do processo, como bem destacou o juiz, na sentença: "[...] o sequestro de Edgar restou corroborado ainda pela farta prova testemunhal produzida na investigação, consubstanciada pelos depoimentos de militantes políticos que estavam presos, [...]" (SÃO PAULO, 2021).

Por último, a magistrada Anna Cristina Rocha Gonçalves, juíza federal substituta, 14ª Vara/SJMG, na sentença da Ação Civil Pública promovida pelo MPF, no caso do povo Krenak, pelas graves violações de direito perpetradas contra a etnia durante a ditadura militar, reconheceu os crimes praticados pela União, bem como o Estado de Minas Gerais, FUNAI, Fundação Rural Mineira (Ruralminas) (extinta e substituída pelo Estado de Minas Gerais) e Manoel dos Santos Pinheiro[41].

---

[41]Trata-se de policial militar aposentado da Polícia Militar do Estado de Minas Gerais, denunciado pelo MPF segundo provas de sevícias em mulheres indígenas e pratica de tortura contra os índios Krenak.

O MPF conseguiu provar através de depoimentos, vídeos, e acervo levantado pela Comissão Nacional da Verdade, a importância da documentação e destacou-se na sentença, "[...] considerando a responsabilidade objetiva do Estado pelos atos que causem prejuízos a terceiros, nos termos do art. 37, § 6º, da Constituição, não se há falar em impossibilidade jurídica do pedido [...]" (MINAS GERAIS, 2021).

Destaca-se dessas três decisões, a evidência programática da transição brasileira, observa-se no mérito dos julgados que a prova testemunhal que fundamentou as decisões sobre os casos foi juridicamente a base para que fosse considerada a devida reparação às vítimas. Em parte, nos precedentes, foram acolhidos o resultado das investigações da Comissão de Mortos e Desaparecidos, Comissão Nacional de Anistia e Comissão Nacional da Verdade. É programático, nesse caso, o reconhecimento probatório pelo Judiciário Federal da documentação juntada, observamos que os relatos de tortura na 'Casa da Morte', negados pelo juízo de primeira instância, foram reconhecidos no Tribunal Regional Federal. Tratando-se de acolhimento do caráter multinível e programático de responsabilização do Estado, em seu dever de agir para fazer cumprir obrigações internacionais.

7.3 O conceito de crimes contra a humanidade

No voto-vista, Simone Schreiber entende que os relatos dos autos sobre a denominada 'Casa da Morte', retratam crimes contra humanidade. O histórico desse crime está relacionado após a Segunda Guerra Mundial, quando a intolerância levou milhões de pessoas a serem eliminadas. Em resposta aos crimes praticados e denunciados no holocausto, o sistema internacional de direitos humanos criou mecanismos para a não repetição. Primeiramente, no art. 6 do Estatuto do Tribunal de Nuremberg[42], que veio a ser denominado posteriormente em princípios de Nuremberg, na Resolução 95, do ano de 1946.

Em segundo lugar, com a criação do Tribunal Penal Internacional[43] também aprimorou o conceito, acrescentando a generalidade ou sistematicidade dos atos desumanos, incorporando e aprimorando a jurisdição internacional acerca dos crimes de guerra e dos crimes contra a Humanidade em tempos de paz.

E também é necessário grifar que os 'crimes contra a humanidade' não descrevem um fato típico, mas a uma qualificação, ou seja, a individualização da conduta, de crimes já positivados e previstos, por sua repulsa a dignidade da vítima, como o caso do estupro e sequestro.

Hoje, já não há mais dúvidas de que as graves violações de direitos humanos perpetradas contra a população civil (torturas, espancamentos, ofensas sexuais, sequestros, desaparecimentos forçados, e outros) foram usadas no Brasil, a partir de 1964 e durante todo o regime ditatorial, como mecanismos institucionais de controle e repressão estatal de opositores políticos e perseguidos do regime. Integravam e determinavam, portanto, a política de Estado adotada pelos detentores do Poder à época. Faço referência a um parágrafo do Relatório Final da Comissão Nacional da Verdade (CNV), concluído em 10 de dezembro de 2014, que resume, de maneira precisa, as principais características do regime e não deixa dúvida

---

[42]*Cf.* voto-vista, Simone Schreiber: "Como leciona Luiz Flávio Gomes, 'já em 1950, como se vê, apareciam as primeiras notas da definição dos crimes contra a humanidade: (a) atos desumanos, (b) contra a população civil, (c) num ambiente hostil de conflito generalizado (durante uma guerra ou outro conflito armado)'. Alguns anos depois, a Convenção Sobre a Imprescritibilidade dos Crimes de Guerra e dos Crimes contra a Humanidade (1968), em seu preâmbulo, aludiu a outras Resoluções da Assembleia Geral das Nações Unidas para demonstrar que a ideia de 'crimes contra humanidade' e 'crimes de guerra' já fazia parte dos princípios internacionais consagrados no momento de sua edição. Cumpre aqui colacionar trecho desse preâmbulo". (RIO DE JANEIRO, 2019).
[43]O Tribunal Penal Internacional, teve sua criação aprovada através do Estatuto de Roma em 1998, e iniciou seus trabalhos em 1 julho de 2002.

de que os delitos praticados contra os opositores não foram atos isolados, amoldam-se à perfeição ao conceito de crime contra humanidade:

Na ditadura militar, a repressão e a eliminação de opositores políticos se converteram em política de Estado, concebida e implementada a partir de decisões emanadas da presidência da República e dos ministérios militares. Operacionalizada através de cadeias de comando que, partindo dessas instâncias dirigentes, alcançaram os órgãos responsáveis pelas instalações e pelos procedimentos diretamente implicados na atividade repressiva, essa política de Estado mobilizou agentes públicos para a prática sistemática de detenções ilegais e arbitrárias e tortura, que se abateu sobre milhares de brasileiros, e para o cometimento de desaparecimentos forçados, execuções e ocultação de cadáveres. Ao examinar as graves violações de direitos humanos da ditadura militar, a CNV refuta integralmente, portanto, a explicação que até hoje tem sido adotada pelas Forças Armadas, de que as graves violações de direitos humanos se constituíram em alguns poucos atos isolados ou excessos, gerados pelo voluntarismo de alguns poucos militares. (RIO DE JANEIRO, 2019).

Na sentença condenatória contra 'Carlinhos Metralha', conforme já analisado, encontramos a relação entre o crime contra a humanidade e, na ausência de sua recepção pelo Brasil, a decisão equipara o desaparecimento forçado de pessoas como crime de sequestro para dar efetividade ao crime contra a humanidade. Em outras palavras, a decisão prova o caráter programático, uma vez que a jurisdição constitucional foi aplicada de forma programática, atendendo à necessidade de fazer efetiva a tutela multinível, nos tribunais subnacionais, como caso em tela.

Em outra parte da decisão, da sentença penal condenatória contra 'Carlinhos Metralha', da Justiça Federal, reconheceu-se o crime de falsidade ideológica praticado pelo Estado, através dos órgãos de repressão política como parte da sistemática de delitos praticados no desaparecimento forçado. O texto destaca que esta conduta resultou de um regime que manipulava, fraudava e construía versões falsas para encobrir os crimes de seus agentes contra a opinião pública. A estrutura organizada envolvia recursos humanos e financeiros inversamente proporcionais à capacidade das vítimas de reagir a essas manipulações criminosas, configurando em crimes de lesa-humanidade.

Em 26 de julho de 2021, o julgamento pelo Tribunal Regional Federal da 3ª Região acolheu o recurso do MPF sobre os assassinatos de Manoel Lisboa de Moura e Emmanuel Bezerra dos Santos. Neste julgamento, acolheu-se o entendimento de afastar prescrição da pretensão punitiva do Estado em crime de falsidade ideológica. Esta reforma da sentença de primeiro grau, ocorreu em denúncia contra o médico legista Herry Shibata, acusado de elaborar laudos necroscópicos falsos, para encobrir as marcas de tortura de Manoel Lisboa e Emmanuel Bezerra.

Por outro lado, o desembargador Federal Fausto de Sanctis consignou em seu voto vitorioso que não seria necessário que as condutas delitivas, que resultam no conceito de crime contra a humanidade, tenham que estar 'tipificadas' pelo Direito Internacional, compreendendo que esta necessidade é do direito interno, mas não se coaduna com as obrigações que o país assimilou na recepção dos bens jurídicos tutelados na esfera dos direitos humanos. A finalidade do sistema internacional é impedir a impunidade de crimes odiosos, e, nesse sentido, o desaparecimento forçado é um crime complexo que para sua consecução necessita de outros e diversos delitos, como descreveu,

> [...] a situação retratada nestes autos virtuais permite a conclusão de que a imputação do crime de 'falsidade ideológica', no contexto de um ataque sistemático e generalizado à população civil pelo aparato estatal existente no período ditatorial brasileiro, pode e deve ser compreendida como 'crime contra a humanidade' [...] (SÃO PAULO, 2021b).

O crime de falsidade ideológica, nesse contexto, não é apenas um delito isolado, o próprio direito interno entende que o desaparecimento forçado depende de outros delitos associados a este, para conseguir seu intento. Ou seja, com a reunião de sequestro; homicídio/execução sumária; tortura e falsidade ideológica, temos a qualificação jurídica do regime jurídico dos crimes contra a humanidade, caracterizando novamente a ideia de transição programática.

No voto do desembargador Federal Fausto de Sanctis sobre Harry Shibata, a denúncia do Ministério Público Federal demonstra que o médico praticou o crime de falsidade ideológica de documentos (laudos médicos), com o objetivo de encobrir o falecimento das vítimas Manoel Lisboa de Moura e Emmanuel Bezerra dos Santos, mortos no ano de 1973. Os dois foram vítimas de várias formas de tortura pelos agentes da repressão política e, por conta das lesões sofridas, não sobreviveram.

Os médicos acusados lavraram Laudos de Exame de Corpo de Delito assinados por Harry Shibata, em que consta uma 'versão oficial' de que as vítimas morreram em decorrência de uma hemorragia interna causada por ferimentos decorrentes de projéteis de arma de fogo. O mesmo laudo atestava que os corpos não foram submetidos a qualquer tipo de tortura.

Diante dessas premissas, Sanctis constrói o entendimento de que a falsidade ideológica praticada por Harry Shibata deve ser tratada como crime contra a humanidade, por estar inserida na complexidade do desaparecimento forçado e de outros atos desumanos, por provocar a morte, como resultado final, e ser conexo ao homicídio. Assegurou em seu voto, a necessidade de tais crimes serem inseridos no sistema de crimes contra a humanidade, e, como consequência direta, serem imprescritíveis e não suscetíveis a graça ou anistia.

> [...] aquelas eventuais sevícias, ofensas e dilacerações que potencialmente as sessões de tortura aplicadas aos dissidentes políticos Manoel Lisboa de Moura e Emmanuel Bezerra dos Santos causaram (a culminar, em tese, na morte destes), razão pela qual indissociável o creditamento da pecha de 'crime contra a humanidade' as eventuais condutas (contrafações) que, ao que consta dos autos, teriam a finalidade de conferir uma 'versão oficial' mais 'honrosa' aos desmandos contra os Direitos Humanos que teriam sido executados ao longo dos Anos de Chumbo brasileiros. (SÃO PAULO, 2021b).

As fraudes no regime ditatorial são realizadas com o intuito de proteger os agentes, destruir provas e 'disfarçar' as graves violações de direitos humanos. Os teatros, conhecidos no Brasil, e versões montadas pelos órgãos de segurança, foram armas de uma guerra suja amplamente utilizada no país, e tendo como operadores diversos peritos, médicos e policiais, que formavam o aparato repressivo.

Do ponto cronológico, não há que se utilizar da ideia de que os crimes denunciados pelo Ministério Público e de lesa humanidade seriam posteriores aos tratados ratificados pelo Brasil, este argumento não se sustenta pelo fato da 'Carta de Londres' ser datada de 1945, vinte oito anos (28) antes dos, bastante documentados, fatos criminosos serem cometidos por Harry (1973).

Outro argumento que demonstra o caráter programático da justiça de transição é a aplicação do princípio da legalidade no plano internacional, e o seu caráter *jus cogens* – trata-se de normas imperativas de Direito Internacional - e, portanto, cabendo aos juízes e tribunais a tutela do direito em escala subnacional, não sendo possível a revogação ou de derrogação pela sobrevinda de um Tratado ou de uma Convenção internacional que as contrariem – art. 53 da Convenção de Viena.

No mesmo caso, ressalte-se ainda que outros documentos internacionais de igual importância jurídica consolidam o mesmo entendimento de que o crime de falsidade ideológica está inserido em uma rede de outros delitos que ocasionam 'infrações penais contra a humanidade', e que se caracterizou na aplicação da justiça de transição programática. Neste sentido, o Des. Fausto de Sanctis lista uma série de tratados que também tipificam como 'infrações penais contra a humanidade' os falsos ideológicos como delitos que teriam sido praticados no período da ditadura militar, como

> *[...] (i) Resolução nº 33, de 1978, da Assembleia Geral da Organização das Nações Unidas – ONU (atinente à temática dos desaparecimentos forçados); (ii) Declaração sobre a Proteção de Todas as Pessoas contra o Desaparecimento Forçado ou Involuntário, de 1992; e (iii) Estatuto de Roma, de 2002 (instituidor do Tribunal Penal Internacional – TPI) [...] (SÃO PAULO, 2021b).*

A transição programática, como se observou nestes fragmentos dos julgados analisados, quando se trata de crimes contra a humanidade aproxima de forma material a caracterização do dever ser em se tratando de Direito Internacional dos Direitos Humanos, e diante de uma materialidade fática, não pode o judiciário abdicar de sua jurisdição convencional, é dever do Estado juiz aplicar no caso concreto a jurisprudência e doutrina internacional dos tratados que são recepcionados, do contrário, a vítima será vitimizada em seus direitos e garantias fundamentais, negando o caráter programático dos direitos e garantias que a sociedade dispõe internacionalmente.

7.4 A Anistia pela Lei 6.683 (Lei de Anistia) e a teoria do duplo controle

A Lei 6.683 (BRASIL, 1979) foi recepcionada pelo controle de constitucionalidade através da ADPF 153 (DISTRITO FEDERAL, 2010), como já discutido. O mesmo dispositivo legal foi objeto de análise de convencionalidade, a substância e letra da norma interna pode se mostrar inadequada com os valores e ideários de um tratado internacional, o que implica sua incompatibilidade com o Pacto de São José da Costa Rica, e neste confronto jurídico, cuja autoridade final é a Corte Interamericana de Direitos Humanos, por duas sentenças contra o Brasil, a Gomes Lund e Wladimir Herzog, compreendeu-se que os dispositivos da auto anistia configuram-se em empecilho para a investigação das graves violações praticadas por agentes do Estado.

Estas decisões foram resultado das ações movidas pela Comissão Interamericana de Direitos Humanos e descritas no *Compendio de la Comisión Interamericana de Derechos Humanos sobre verdad, memoria, justicia y reparación en contextos transicionales*:

> *40. En el caso de Brasil, la Comisión se pronunció sobre la Ley No. 6.683/79, aprobada el 28 de agosto de 1979. La Comisión consideró que dicha norma constituye una ley de*

> *amnistía al declarar la extinción de la responsabilidad penal de todos los individuos que habían cometido "crímenes políticos o conexos con éstos" en el período de la dictadura militar, entre el 2 de septiembre de 1961 al 15 de agosto de 197960. La CIDH agregó que los tribunales brasileños han interpretado la ley de amnistía en el sentido de que la misma impide la investigación penal, procesamiento y sanción de los responsables de graves violaciones de derechos humanos que constituyen crímenes de lesa humanidad, como la tortura, las ejecuciones extrajudiciales y las desapariciones forzadas. En ese sentido, la CIDH consideró que la Ley No. 6.683/79 es contraria a la Convención Americana, 'en la medida que es interpretada como un impedimento a la persecución penal de graves violaciones de derechos humanos' [...] (COMISSÃO INTERAMERICANA DE DIREITOS HUMANOS, 2021, p. 35).*

A decisão do STF, na ADPF 153, não seria incompatível com a jurisprudência da Corte Interamericana, uma vez que a mesma entende tortura, execução sumária, extrajudicial ou arbitrária ou o desaparecimento forçado, como crimes contra a humanidade, sem possibilidade de graça ou anistia interna.

Com esse entendimento, procura-se uma compatibilidade de ambas as decisões judiciais com diferentes extensões de seus efeitos. O controle de convencionalidade é regido por uma doutrina e jurisprudência da Corte Interamericana, o que significa aplicar a tese de que a Lei da Anistia (BRASIL, 1979) foi sancionada após entrada em vigor de delitos contra a humanidade reconhecidos internacionalmente: insuscetíveis de anistia e imprescritíveis segundo o costume internacional, como sua aplicação não necessita de lei interna, pelo princípio do *jus cogens,* em matéria de tratado de direitos humanos (MARX, 2014).

A teoria do duplo controle, segundo André de Carvalho Ramos, reafirma à necessidade de um direito internacional que, através de seus parâmetros internacionais e organismos jurídicos, integra a norma dos tratados de direitos humanos, exercendo sua jurisdição em regime de harmonia com os sistemas constitucionais. Cabe ao direito interno ampliar o regime de direitos e garantias fundamentais, no princípio da progressividade de direitos e na separação dos poderes (BRASIL, 2017).

Esta tese jurídica também foi incorporada ao voto da desembargadora federal Simone Schreiber, no julgamento do recurso do MPF sobre o Caso Inez Etienne. Na sua fundamentação jurídica, aplicou-se a teoria do duplo controle, em síntese, a constitucionalidade de uma norma legal não implica em sua convencionalidade, por se tratarem de métodos de controle diversos, no controle de constitucionalidade, a norma constitucional é o paradigma, "[...] enquanto que, no controle de convencionalidade, busca-se verificar se as normas de direito interno se adequam aos Tratados de Direitos Humanos assinados pelo Brasil. É o que na doutrina especializada chama-se de Teoria da Dupla Compatibilidade Material. " (RIO DE JANEIRO, 2019).

Os casos previstos contra civis, na ditadura militar, são de competência da Justiça Federal, conforme o magistrado Silvio César Arouk Gemaque destacou em sua sentença sobre o sequestro de Edgar Aquino Duarte, no item I – Da Categorização da acusação penal -, sobre a competência do juízo. Ficou consignado que o crime de homicídio, praticado por agentes no exercício da função pública federal, pode ser objeto de judicialização pelos termos do artigo 109, inciso IV, da CF/88 (BRASIL, 1988).

Reconhecida sua competência, neste julgado, sobre o sequestro de Edgar Aquino Duarte, o magistrado fundamentou seu conhecimento no direito penal internacional, por entender que os crimes praticados durante a ditadura militar eram para contrapor os grupos de oposição ao regime[44]. A 'neutralização'[45] destas organizações clandestinas e seus integrantes, da forma como se deu a repressão política no Brasil, constitui crime contra a humanidade, "[...] o que implica regime jurídico especial, como o da imprescritibilidade penal [...]" (SÃO PAULO, 2021a).

Neste desiderato, o posicionamento do magistrado foi pela defesa de uma jurisdição internacional dos tratados de direitos humanos, criados em sua maioria com o objetivo de evitar as atrocidades da Segunda Guerra Mundial, acabaram por criar um regime jurídico que regionalmente, no contexto da ONU, responsabiliza individualmente os autores dos crimes de guerra.

Argumentou que o pensamento de Hannah Arendt, em seu conceito de 'banalidade do mal', representa um alerta contra o pensamento meramente burocrático, que buscou inverter valores com a finalidade de 'legitimar' o regime nazista. Para se contrapor a tudo isso, a opinião pública internacional repudia o terrorismo de Estado, bem como

---

[44]Principais organizações revolucionárias de esquerda, com os respectivos anos de criação: Partido Comunista do Brasil (PCdoB: 1962); Ação Popular (AP: 1962); Política Operária (POLOP: 1961); Partido Operário Revolucionário/Trotskista (PORT: 1953); Ação Libertadora Nacional (ALN: 1967-1968); Partido Comunista Brasileiro Revolucionário (PCBR: 1964); MR-8 (Movimento Revolucionário 8 de Outubro: 1966); Vanguarda Popular Revolucionária (VPR: 1968); Comando de Libertação Nacional (COLINA:1968); VAR Palmares (1969); Ala Vermelha/do PCdoB (1967); Movimento Revolucionário Tiradentes (MRT: 1969); Partido Operário Comunista (POC: 1967); Partido Revolucionário dos Trabalhadores (PRT: 1968); Corrente Revolucionária de Minas Gerais (CORRENTE: 1967); Movimento de Libertação Popular (MOLIPO: 1971); Partido Comunista Revolucionário (PCR: 1966); Resistência Armada Nacional (RAN: 1969); Movimento de Ação Revolucionária (MAR: 1969); Movimento Revolucionário 26 de Março (MR-26: 1965); Frente de Libertação Nacional (FLN: 1969); Marx, Mao, Marighela e Guevara (M3G: 1967); Movimento Comunista Revolucionário (MCR:1970); Movimento de Emancipação do Proletariado (MEP); Grupos dos Onze (1963); Dissidência Universitária de São Paulo/do PCdoB (DISP: 1966). Fonte: Livro-relatório "Direito à Verdade e à Memória" a partir do resumo do texto produzido para o projeto "Brasil: Nunca Mais" – 1985 (BRASIL, 2007, p. 463-485).
[45]Cf.: Vivien Ishaq na obra, Escrita da Repressão e da Subversão, neutralizar significa: "De acordo com a Escola Nacional de Informações (EsNI), era o ato de anular ou inutilizar os inimigos [...]". (ISHAQ; FRANCO; SOUSA, 2002, p. 218).

o caráter sistemático de atuação contra grupos e indivíduos que fazem oposição a uma ditadura.

Ressaltou na mesma decisão que o direito penal internacional surgiu como tratado internacional para superar todas às críticas contra o Tribunal de Nuremberg, por se tratar de um julgamento de exceção, "Referida alegação foi superada, consoante firme proposição do jurista Cherif Bassiouni, no sentido de que 'as atrocidades e crimes praticados já estavam definidos no direito internacional por tratados internacionais pretéritos e pelo próprio costume internacional [...]" (SÃO PAULO, 2021a).

Em matéria de justiça de transição, embora seja uma posição minoritária em decisões judiciais, reconheceu-se o controle de convencionalidade como fundamento jurídico capaz orientar um julgamento complexo, como o caso Edgar Aquino, através da jurisdição dos tribunais subnacionais, efetivando a tutela multinível e a transição programática dos direitos humanos, praticadas sob as mais variadas formas em ataques generalizados de perseguição políticas de opositores, praticada por agentes da ditadura militar. Conforme destacou magistrado Silvio César Arouk Gemaque: "Não se pode pretender adentrar no seleto rol das nações mais desenvolvidas do mundo sem também aderir a um mínimo ético de respeito aos cidadãos vigente naqueles países [...]" (SÃO PAULO, 2021a).

O controle de convencionalidade, aplicado na sentença sobre Edgar Aquino, recepcionou o argumento do Ministério Público Federal que defendeu, cronologicamente, a tese que o julgamento da CIDH sobre os desaparecidos do Araguaia (de 24 de novembro de 2010) foi posterior ao julgamento da ADPF 153 pelo SFT em 20 de abril de 2010, e, ao analisar o Art. 1º da Lei nº 6.83/70, reconheceu que no caso Edgar se trata de crime de desaparecimento forçado sem haver até a presente data a localização dos restos mortais, portanto, caracterizado como crime permanente, como sentenciou, "[...] em se tratando de crimes permanentes, ultrapassando, portanto, o hiato temporal de 02 de setembro de 1961 a 15 de agosto de 1979. Não bastasse isso, a análise dos fatos submetidos a julgamento não pode prescindir do hoje chamado controle de convencionalidade [...]" (SÃO PAULO, 2021a).

A teoria do duplo controle parte da concepção de uma proteção internacional dos indivíduos. Nesta toada, sua aplicação no Brasil contribuiu para a responsabilização de crimes permanentes e efetiva o caráter programático transicional, porque não interfere na aplicação da Lei da Anistia. Portando, uma obrigação do Estado juiz de natureza *jus cogens* da tutela multinível não é uma novidade, mas a responsabilização penal dos ex-agentes da ditadura, como identificou o magistrado na sentença sobre o sequestro de Edgar Aquino, é uma exigência civilizatória. Em outra parte da sentença, Gemaque assinala,

> *[...] trata-se de verdadeiro jus cogens cuja aplicação não pode passar despercebida. Importante consignar ainda a existência da ADPF 320, Relatoria do Ministro Dias Toffoli, ainda pendente de julgamento pelo STF acerca da aplicação ou não da lei de anistia quanto aos crimes permanentes. (SÃO PAULO, 2021a).*

A defesa da aplicação do controle de convencionalidade fundamentou a sentença do desembargador Federal Fausto de Sanctis, no caso dos assassinatos de Manoel Lisboa de Moura e Emmanuel Bezerra dos Santos, ressaltando a complexidade na busca de justiça considerando o direito nacional e em harmonia com o sistema de direitos dos tratados e convenções que o Brasil faz parte, e argumenta o juiz

> *[...] não pode e não deve ficar adstrito exclusivamente à análise de constitucionalidade levada a efeito pelo [STF] no espectro da [ADPF] nº 153, sendo imperiosa a ampliação do debate para matizes outras que, por certo, permeiam e irradiam luzes à efetiva compreensão da questão dos crimes perpetrados por agentes estatais no último período ditatorial vivido pela sociedade brasileira [...] (SÃO PAULO, 2021b).*

Entendeu o magistrado, no mesmo julgamento, que a supremacia da norma constitucional deve ser executada em harmonia com os tratados e convenções internacionais que o país logrou sua adesão. Este entendimento encontra-se também em matéria julgada pelo STF no *leading case* no RE 466.343[46]. Decisão que apreciou a possibilidade da prisão civil do depositário infiel, à luz do Pacto de São José da Costa Rica.

Sanctis, de forma didática, apresentou na decisão a necessidade da teoria do duplo controle, como uma teoria jurídica necessária para a verificação da constitucionalidade da norma, para garantir o princípio da supremacia constitucional, mas ressaltou que, da mesma forma, uma lei que não esteja em acordo com tratados e convenções ratificados pelo Brasil, assume em seu dessabor uma inconvencionalidade.

> *Dentro de tal contexto,* **a aferição de compatibilidade de uma lei editada pelo Parlamento, nos dias atuais, passa por dois estágios de verificação: (a) o primeiro deles em face da Constituição Federal** *tendo como base a ideia regente contida no Princípio da Supremacia da Constituição (cabendo ressaltar que, acaso a lei não esteja de acordo com o Texto Magno, padecerá de vício que a tornará* **inconstitucional**, *seja sob o aspecto formal, seja sob o aspecto material) e (b)* **o segundo deles à luz dos Tratados Internacionais de Direitos Humanos cuja natureza jurídica seja supralegal** *(como ocorre, por exemplo, com o Pacto de São José da Costa Rica), sendo imperioso destacar que eventual incompatibilidade levará ao reconhecimento da existência de vício de* **inconvencionalidade**. *(SÃO PAULO, 2021b).*

A recepção da teoria do duplo controle representou um avanço na efetivação da jurisdição internacional, em matéria dos tratados de direitos

---

[46]Sobre no RE 466.343 a sentença do magistrado Silvio César Arouk Gemaque ressaltou: "Com efeito, até o julgamento do RE 466.343, o C. Supremo Tribunal Federal ostentava posicionamento no sentido de que qualquer tratado internacional (independentemente do tema nele versado) teria força normativa, ao ser introduzido no ordenamento pátrio, de lei ordinária, o que se estenderia, inclusive, aos diplomas internacionais atinentes a direitos humanos (como, por exemplo, o Pacto de São José da Costa Rica). A propósito, importante ser dito que tal orientação foi originariamente declarada em um julgamento proferido no ano de 1977, no bojo do RE 80004, no qual debatida a força normativa ostentada pela Convenção de Genebra (que previa uma Lei Uniforme sobre Letras de Câmbio e Notas Promissórias) em cotejo com o Decreto-Lei nº 427, de 22 de janeiro de 1969, oportunidade em que o então Relator, Min. Xavier de Albuquerque, com ressonância no Tribunal Pleno, sufragou que [...] embora a Convenção de Genebra que previu uma Lei Uniforme sobre Letras de Câmbio e Notas Promissórias tenha aplicabilidade no direito interno brasileiro, não se sobrepõe ela às leis do país [...]". (SÃO PAULO, 2021b).

humanos, ratificados pelo Brasil, conforme o Art. 5,§,20⁴⁷, os direitos e garantias previstos na Constituição de 1988 não excluem outros decorrentes do regime e dos princípios dos tratados internacionais em que o país seja parte, neste sentido, quanto maior é o desenvolvimento do sistema de garantias pelo direito internacional, mais surge a necessidade de sua aplicação material em casos concretos, pelos mecanismos judiciais e tribunais subnacionais.

Conforme o conceito de transição programática, ao aplicarmos a teoria do duplo grau de controle estamos, no caso brasileiro, reafirmando o caráter vinculante dos tratados de direitos humanos no controle de convencionalidade e dos direitos fundamentais, conforme a perspectiva da Constituição de 1988, ou seja, integrando-se em matéria de direito constitucional à prevalência dos direitos humanos.

7.5 A constitucionalidade da Lei da Anistia à luz da Constituição de 1967

A Carta Constitucional de 1967 (BRASIL, 1967), embora represente uma constitucionalização dos atos institucionais e tendo regido o regime ditatorial, seu artigo 150, reconheceu um rol de direitos e garantias fundamentais, como também no seu § 35 previa a possibilidade de ampliação desse rol de direitos, ao não excluir outros direitos e garantias decorrentes do regime e dos princípios que a constituição adota.

Neste sentido, a Lei n° 6.683/1979 (BRASIL, 1979) tinha que estar em harmonia com a Constituição de 1967, bem como sua constitucionalidade pressupõe o respeito ao rol de direitos e garantias fundamentais previstos no Artigo 150.

---

⁴⁷ "Os direitos e garantias expressos nesta Constituição não excluem outros decorrentes do regime e dos princípios por ela adotados, ou dos tratados internacionais em que a República Federativa do Brasil seja parte [...]" (BRASIL, 1988).

Em decorrência disso, os atos pretensamente 'anistiados' aos ex-agentes do Estado, não guardam respaldo à luz da Constituição de 1967 (BRASIL, 1967), por não prever e nem mesmo admitir a prática estatal de violência sistemática a qualquer que seja o indivíduo e muito menos grupos, como foi amplamente constatado nos documentos oficiais das Comissões Nacional da Verdade e nas Comissões Estaduais.

Neste diapasão, o entendimento acerca do artigo 1°, da lei da Anistia, não incorporou nem abrangeu a anistia sobre graves violações de direitos humanos, praticados por agentes estatais. E sim, crimes políticos e seus conexos, para fins de anistia.

E para este feito, no processo de abertura política, o artigo 4° da Emenda 26 de 27 de novembro de 1985, ratificou este entendimento, referindo-se apenas a crimes políticos ou conexos.

A tese da inconformidade da interpretação da Lei da Anistia em relação à Constituição de 1967 e aos crimes de grave violação aos direitos humanos, foi enfrentada no voto do desembargador federal Fausto de Sanctis, no Tribunal Regional Federal da 3° Região, no julgamento dos assassinatos de Manoel Lisboa de Moura e Emmanuel Bezerra dos Santos. Entende o desembargador que os crimes foram praticados pelos médicos legistas Harry Shibata e Armando Rodrigues (este último falecido), acusado de ocultação de cadáver e a impunidade do crime de homicídio.

São também citados pelos assassinatos, o delegado Sérgio Fernando Paranhos Fleury, o agente policial Luiz Martins de Miranda Filho, o coronel Antônio Cúrcio Neto e de Gabriel Antônio Duarte Ribeiro, que omitiram, em documentos públicos – Laudos de Exame Necroscópicos. Segundo des. Fausto de Sanctis, os crimes, já são previstos na Constituição de 1967, e, portanto, não podem ser anistiados, por se tratar de graves violações de direitos humanos ou mesmo qualquer outra causa extintiva de punibilidade,

> *[...] como, por exemplo, as ocorrentes no bojo do cometimento de crimes de homicídio, de lesão corporal, de tortura, de sequestro*

etc. praticados por agentes estatais contra dissidentes do regime militar, que acabaram sendo 'maquiados' ou 'acobertados' por falsas declarações de óbito ou de exames necroscópicos [...] (SÃO PAULO, 2021b).

Neste julgamento, identificamos outro aspecto importante na construção de uma teoria jurídica do duplo controle, que pode ser associada ao conceito de justiça de transição programática, nesse caso em sentido positivo, ou seja, na elaboração de leis preventivas a sua futura condenação. Afirma-se, portanto, que há, na tentativa de apagar os crimes de lesa humanidade, abuso do poder de legislar, conceito que compreende o necessário respeito que o poder legislativo tem de garantir à preservação da dignidade da pessoa humana, e o respeito aos direitos e garantias fundamentais.

> *No contexto ora em comento, vislumbra-se **que a Lei da Anistia ofende frontalmente o substantive due process of law pois corporifica abuso do poder de legislar (analisado à luz da proporcionalidade e da razoabilidade) ao tentar 'apagar' juridicamente as consequências de 'crimes de lesa-humanidade'** que violam garantias fundamentais presentes na Constituição de 1967 (vigente ao tempo da edição da Lei nº 6.683/1979) [...] (SÃO PAULO, 2021b, grifo nosso).*

Neste voto, o relator des. Fausto de Sanctis ressalta que, após a recepção da Lei de Anistia na ordem constitucional de 1988, assim como a recepção dos Tratados de Direitos Humanos, são analisados a compatibilidade dos dispositivos e que

> *[...] as garantias fundamentais inerentes à dignidade da pessoa humana seriam inócuas acaso fosse permitido ao próprio detentor de parcela do Poder popular (referência ao Poder Legislativo) livrar os agentes estatais das consequências decorrentes do seu desrespeito. (SÃO PAULO, 2021b, grifo nosso).*

E, por fim, Sanctis ressalta que, por princípio, o "Estado Constitucional submeta-se ao conjunto de limites estabelecido pelo

Poder Constituinte Originário (congregador da vontade soberana popular) dentro dos critérios de legalidade, de razoabilidade e de proporcionalidade, observando, inclusive na edição de leis, o chamado **devido processo legal substantivo**[48]". (SÃO PAULO, 2021b, grifo nosso).

Estas últimas duas passagens ressaltam a materialidade do conceito de justiça de transição programática, uma vez que reconhecem 'garantias fundamentais' dos tratados de direitos humanos, bem como a limitação do julgador em extrapolar a separação dos poderes, ao descumprir a vontade do Poder Constituinte Originário, garantindo, dessa forma, que a Constituição de 1967 possuía, sim, um conjunto de direitos fundamentais que não autorizavam o uso da tortura, sequestros e desaparecimentos forçados. Esse reconhecimento jurídico também aponta para uma aplicação programática do argumento, uma vez que seu efeito material é reconhecer o dano material, penal e constitucional das graves violações praticadas pelos agentes da ditadura militar.

7.6 A imprescritibilidade dos crimes contra humanidade

A preocupação com a necessidade de investigação e responsabilização pelos crimes contra a humanidade resultou no tratado sobre a Imprescritibilidade dos Crimes de Guerra e dos Crimes contra a Humanidade (1968).

O governo brasileiro não tinha o menor interesse em fazer parte da Convenção, certamente por entender que seus crimes seriam julgados à luz do direito internacional. Mas, com a redemocratização, o país passou a integrar vários mecanismos internacionais, como por exemplo, o Tribunal Penal Internacional, criado pelo Tratado de Roma. Este

---

[48]O devido processo legal substantivo ou material é a teoria que entende o devido processo legal com seu alcance mais amplo que um simples formalismo, pois se manifesta em todos os campos do Direito (penal, civil, constitucional, entre outras áreas do direito interno e internacional).

último, ratificado pelo Brasil, através do Decreto Legislativo nº 112, de 6 de julho de 2002. Entre seus dispositivos, encontramos o princípio da imprescritibilidade dos crimes contra a humanidade.

A imprescritibilidade não é incompatível com a Constituição de 1988, como podemos observar pelo caráter complexo de sua medida saneadora de um tipo de delito que atenta contra a dignidade humana, como o crime de racismo e a injúria racial, conforme recente decisão do STF.

Assim, encontramos este princípio no Art. 5, CF88 (BRASIL, 1988), expressamente em três hipóteses: o racismo previsto no Art. 5, inc. XLII, da CF88; a injúria racial, a partir do dia 28 de outubro de 2021, por decisão do STF, com efeitos gerais, por entender que a injúria racial configura um dos tipos penais de racismo, logo imprescritível (*Habeas Corpus* 154248); e o terceiro caso, a ação de grupos armados, civis ou militares, contra a ordem constitucional e o Estado democrático, Art. 5, inc. LIV da CF88.

No plano do direito interno, em relação aos crimes contra a humanidade, a sua imprescritibilidade está prevista no âmbito do direito constitucional, no Art. 5º, LIV da CF88, originário 'dos chamados Princípios de Nuremberg, de 1950' (que foram aprovados e adotados pela ONU), (RIO DE JANEIRO, 2019).

Na sentença sobre o sequestro de Edgar Aquino Duarte, o magistrado assegurou que nas normas internacionais e no costume dos tribunais internacionais, os crimes contra a humanidade são imprescritíveis e insuscetíveis de anistia. E cita a jurisprudência do STF, que reconhece o caráter de crime de desaparecimento forçado como crime contra a humanidade, trata-se do caso da Extradição de Salvador Siciliano.

Em 9 de novembro de 2016, o STF julgou e negou a Extradição contra o argentino Salvador Siciliano, por maioria (6 votos a 5), neste julgamento, que teve ordem de prisão expedida pelo Judiciário da

Argentina por suspeita de ter participado de associação paramilitar chamada 'Triple A', que operou entre 1973 e 1975.

No voto do relator, o Ministro Edson Fachin, defendeu que o requisito de prescritibilidade não poderia ser admitido para impedir a extradição nas hipóteses de crime contra a humanidade.

> *De fato, a regra da imprescritibilidade não pertence ao direito comum, mas a esse campo do Direito a que se convencionou chamar de direito penal internacional. É a seu caráter único entre os ramos tradicionais do direito que se deve reportar a produção de efeitos legais, independentemente de sua concretização pelo legislador nacional. Diversamente dos crimes comuns, as consequências de crimes internacionais 'não surgem em um primeiro momento, mas ao longo do tempo não cessam de ampliar' (Jankalevitch, V. L'imprescritilile. Paris, Seuil, 1986, p.18). (SÃO PAULO, 2021a).*

Em outra parte da decisão sobre Edgar Aquino Duarte, o juiz Dr. Silvio César Arouck Gemaque assegura também o caráter ontológico da imprescritibilidade dos crimes contra a humanidade, principalmente para que não fiquem impunes.

Ressaltou ainda, que ex-agentes sejam responsabilizados pelo desaparecimento forçado e eventuais crimes conexos, através da Resolução 33/173 da ONU (20 dez. 1978), a resolução que trata sobre pessoas desaparecidas definiu que os Estados devem:

> *a)dedicar recursos apropriados à busca de pessoas desaparecidas e à investigação rápida e imparcial dos fatos; b) assegurar que agentes policiais e de segurança e suas organizações sejam passíveis de total responsabilização (fully accountable) pelos atos realizados no exercício de suas funções e especialmente por abusos que possam ter causado o desaparecimento forçado de pessoas e outras violações a direitos humanos; c) assegurar que os direitos humanos de todas as pessoas, inclusive aquelas submetidas a qualquer forma de detenção ou aprisionamento, sejam totalmente respeitados. (SÃO PAULO, 2021a).*

A decisão em tela, nesta tese jurídica da imprescritibilidade dos crimes contra a humanidade e sua aplicação no direito interno, é fundamental para garantir a responsabilização de possíveis agressões contra dignidade humana, que, como já demonstrado, foi recepcionada pela constituição, reforçando o caráter programático da justiça de transição ao equiparar-se a garantias fundamentais protegidos pelo Estado Nação e seus legisladores, cabendo ao Estado Juiz julgar na defesa da prevalência dos direitos humanos.

Como este tema é recorrente em casos denunciados em outros processos transicionais, em 2020, a Comissão Interamericana publicou em sua página oficial, o *Compendio de la Comisión Interamericana de Derechos Humanos sobre verdad, memoria, justicia y reparación en contextos transicionales*, onde encontramos o seguinte destaque sobre o tema da prescrição e destaca no parágrafo 226[49], sobre coisa julgada 'aparente' ou 'fraudulenta', a Corte entende que se surgirem fatos novos ou mesmo outras provas que permitam caracterizar fato novo, que determine os responsáveis por violações de direitos humano, e ou responsáveis por crimes contra a humanidade, o inquérito ou fase judicial pode ser reaberto, mesmo que já tenham sido absolvidos, em algum julgamento. Neste sentido, há um deslocamento da proteção do *bis in idem,* pela exigência da justiça, em respeito às vítimas e aos princípios da Convenção Americana.

Nesta mesma publicação da CIDH, ressalta-se nos parágrafos 227/228[50], que no caso da aplicação e interpretação da Lei da Anistia do

---

[49]226. Surge de la jurisprudencia del Tribunal que una sentencia pronunciada en las circunstancias indicadas produce una cosa juzgada "aparente" o "fraudulenta". La Corte considera que si aparecen nuevos hechos o pruebas que puedan permitir la determinación de los responsables de violaciones a los derechos humanos, y más aún, de los responsables de crímenes de lesa humanidad, pueden ser reabiertas las investigaciones, incluso si existe un sentencia absolutoria en calidad de cosa juzgada, puesto que las exigencias de la justicia, los derechos de las víctimas y la letra y espíritu de la Convención Americana desplaza la protección del ne bis in idem.

[50]227. En el presente caso se cumple uno de los supuestos señalados de cosa juzgada "aparente" o "fraudulenta". En el año 2009, la 1° Sala Federal Penal determinó el archivo de la investigación abierta sobre los hechos del presente caso, al considerar que el cierre de dicha investigación ordenado previamente por los tribunales estaduales en 1993, en aplicación de la Ley No. 6.683/79 (Ley de Amnistía) adquirió fuerza de cosa juzgada (supra párr. 127-128). 228. A juicio de la CIDH, dada su manifiesta incompatibilidad con la Convención Americana, la interpretación y aplicación de la Ley No. 6.683/79 (Ley de Amnistía) en este caso tuvo como propósito sustraer a los presuntos responsables de la acción de la justicia y dejar el crimen cometido en contra

Brasil, nos casos de coisa julgada "aparente" ou "fraudulenta", cita-se o julgamento de 2009, da 1ª Câmara Criminal Federal que decidiu arquivar o inquérito aberto sobre o caso Vladimir Herzog. O arquivamento do referido inquérito, ordenado pela Justiça Estadual em 1993, em aplicação da Lei nº 6.683/79 (Lei da Anistia), manifesta incompatibilidade com a Convenção Americana, por afastar da justiça os supostos responsáveis pela ação e deixar o crime cometido contra o jornalista Vladimir Herzog na impunidade. Nessa hipótese, o Estado não pode ser assistido no princípio do *bis in idem,* para descumprir suas obrigações internacionais (COMISSÃO INTERAMERICANA DE DIREITOS HUMANOS, 2021, p. 49)[51].

7.7 O dever de responsabilização civil por danos morais individuais e coletivos

O Ministro OG Fernandes consolidou o entendimento do STJ na decisão sobre indenização por danos morais e coletivos praticados por agentes da ditadura militar, argumentando que, em nenhum momento, o acórdão do STF sobre a ADPF 153 (DISTRITO FEDERAL, 2010) afastou ou tratou a incidência de matéria civil e sua aplicação em relação aos danos praticados pelos agentes da repressão.

Compreende-se que não são incompatíveis a acumulação de reparações econômicas e a pretensão de reparação de danos morais pela

---

del periodista Vladimir Herzog en la impunidad. Bajo este supuesto, el Estado no puede auxiliarse en el principio de ne bis in idem, para no cumplir con sus obligaciones Internacionales (COMISSÃO INTERAMERICANA DE DIREITOS HUMANOS, 2021, p. 49).

[51]228. A juicio de la CIDH, dada su manifiesta incompatibilidad con la Convención Americana, la interpretación y aplicación de la Ley No. 6.683/79 (Ley de Amnistía) en este caso tuvo como propósito sustraer a los presuntos responsables de la acción de la justicia y dejar el crimen cometido en contra del periodista Vladimir Herzog en la impunidad. Bajo este supuesto, el Estado no puede auxiliarse en el principio de ne bis in idem, para no cumplir con sus obligaciones Internacionales (COMISSÃO INTERAMERICANA DE DIREITOS HUMANOS, 2021, p. 49).

vítima. Conforme Enunciado nº 624/STJ (DISTRITO FEDERAL, 2018): "É possível cumular a indenização do dano moral com a reparação econômica da Lei nº 10.559/2002 (Lei que regulamenta o art. 8 da ADCT e cria o regime da anistia política no Brasil).".

E afirma, no seu entendimento, que restou vitoriosa a posição de que não há impedimento na esfera administrativa de responsabilização de seus servidores, em se tratando da Lei de Anistia, conforme reproduzo *em verbis*:

> *Não há alegação de que Lei de Anistia alcança as punições administrativas. Ocorre que esta Corte distingue, no que tange aos anistiados, aqueles que sofreram punição pelos atos de exceção (institucionais e complementares) daqueles que foram punidos administrativamente por normas incidentes sobre todos, independentemente de sua orientação política. Assim, se a pretensão do autor é de punição pelas lesões, conforme previsão estatutária ordinária, não se pode afastá-la pela anistia. (DISTRITO FEDERAL, 2020).*

Nesta mesma decisão, o STJ, na ementa, firmou alguns pontos de suma importância na responsabilização dos agentes públicos, reafirmando o caráter programático de nossa justiça de transição, uma vez que o entendimento do STJ apenas homologou o que se aplicava em analogia a casos de crimes comuns e na jurisprudência sobre os mesmos delitos pelo direito interno.

A ementa do STJ, na decisão sobre indenização por danos morais e coletivos praticados por agentes da ditadura militar, reconheceu também que é juridicamente legítima a pretensão de formalizar pedidos de desculpas para retratação pública às vítimas da ditadura militar, por entender que é parte da reparação integral do dano.

A mesma decisão também acolhe a tese do Ministério Público, no sentido de que a perda do cargo público, fundada na demissão do servidor por ofensa física em serviço, se aplica aos ex-agentes da ditadura. No item 9, reconheceu que a Lei da Anistia não pode ser usada para anular sanções administrativas ordinárias, logo o regime jurídico constitucional não recepciona atos de exceção, sejam institucionais ou complementares.

A mesma ementa avança na reafirmação da Lei de Acesso à Informação, reconhecendo que a lotação de servidores públicos é informação de acesso público.

> *10. A identificação e lotação de servidores públicos é informação de acesso público, disponível até mesmo por via administrativa, à luz da Lei de Acesso à Informação. A norma excetua o sigilo até mesmo dos dados pessoais, quando se pretenda a recuperação de fatos históricos de maior relevância, como inegavelmente se trata no caso do regime militar. Inviável a negativa de fornecimento dos dados com base na Lei de Anistia. (DISTRITO FEDERAL, 2020).*

No dia 13 de setembro de 2021, no julgamento da Ação Civil Pública sobre o povo Krenak, movida pelo Ministério Público Federal, contra a União, bem como o Estado de Minas Gerais, FUNAI, Fundação Rural Mineira (Ruralminas) (extinta e substituída pelo Estado de Minas Gerais) e Manoel dos Santos Pinheiro, a magistrada Anna Cristina Rocha Gonçalves consolidou a jurisprudência do STJ, ao aplicar a tutela multinível da justiça de transição do Brasil, no reconhecimento dos danos morais e coletivos em favor dos índios, que sofreram graves violações de direitos humanos.

Em outras palavras, a decisão em sede de Ação Civil Pública fortaleceu a tese da transição programática, na aplicação de parâmetros de direito nacional, que já existiam anteriormente e que foram aplicados no caso concreto, dando efetividade programática transicional aos crimes, como o caso do povo Krenak.

> *Visando a afirmação dos Direitos Humanos, o Ministério Público Federal instaurou Inquérito Civil Público para averiguar a prática de violações aos direitos indígenas ocorridas no Estado de Minas Gerais, mais precisamente no Reformatório Agrícola Indígena Krenak, instalado no município de Resplendor/MG, no ano de 1969, sucedido pelo confinamento de diversos índios na Fazenda Guarani, em Carmésia/MG, em 1972, bem como pela criação da Guarda Rural Indígena - GRIN, também no ano de 1969, como bem delineado na inicial. Ao final de exaustivo trabalho de colheita de depoimentos e exame de volumosa documentação, o Parquet logrou demonstrar diversas arbitrariedades praticadas em detrimento dos povos indígenas no Estado de Minas Gerais durante o período da ditadura militar no Brasil, destacando-se a criação do reformatório Krenak, na região de*

Resplendor/MG, a criação da Guarda Rural Indígena-GRIN e o exílio na Fazenda Guarani, em Carmésia/MG. (MINAS GERAIS, 2021).

O reconhecimento das graves violações pela Justiça Federal no caso Krenak representa a aplicação da tutela subnacional, portanto, programática, iniciando no âmbito dos direitos dos povos originários a conquista da reparação por séculos de violência e, mais recentemente, pelo agravamento da situação com a Ditadura Militar e seus efeitos contra os povos indígenas. A sentença, entre os elementos mais importantes, trouxe um rol de conclusões que confirmam a decisão do STJ sobre danos coletivos, consolidando neste caso a transição para o Estado Democrático de Direito.

> *Por todo o expendido, confirmo integralmente a tutela de urgência e julgo parcialmente procedente o pedido inicial para condenar:*
>
> *a UNIÃO, a FUNAI e o ESTADO DE MINAS GERAIS a, solidariamente, realizarem, no prazo de seis meses, após consulta prévia às lideranças indígenas Krenak, cerimônia pública, com a presença de representantes das entidades rés, em nível federal e estadual, na qual serão reconhecidas as graves violações de direitos dos povos indígenas, seguida de pedido público de desculpas ao Povo Krenak, com ampla divulgação junto aos meios de comunicação e canais oficiais das entidades rés [...] (MINAS GERAIS, 2021).*

O pedido foi parcialmente atendido, uma vez que sobre o caso da condenação de Manoel dos Santos Pinheiro[52], foram pedidas as seguintes penalidades: a perda de proventos de aposentadoria; a perda de patentes, honrarias e postos militares que porventura possuísse e a perda de funções e cargos públicos, efetivos ou comissionados, que estivesse

---

[52]Denunciado por várias violações de direitos humanos como práticas de torturas, sevícias de mulheres indígenas e agressões contra a dignidade da cultura e tradição do povo Krenak. "[...] a existência de relação jurídica entre o réu Manoel dos Santos Pinheiro e a União, a FUNAI e o Estado de Minas Gerais, aquele como agente público responsável, em nome dos entes públicos ora discriminados, pela prática de atos de violações de direitos dos povos indígenas, como a criação e instalação da Guarda Rural Indígena, a administração do Reformatório Krenak e a transferência compulsória dos índios para a Fazenda Guarani, em Carmésia/MG. (MINAS GERAIS, 2021).

eventualmente exercendo na Administração Pública direta ou indireta de qualquer ente federativo.

A magistrada entendeu, no julgamento, que nestes temas, como trata-se de policial militar aposentado da Polícia Militar do Estado de Minas Gerais, a competência é do Tribunal Militar Estadual, para conhecer e decidir a ação no que toca à perda de proventos, patentes e funções relativas ao vínculo estatutário, conforme art. 125[53], §4°; §5°, Constituição Federal de 1988.

E, neste ponto, não acolheu pedido do réu pela prescrição, uma vez que os fatos julgados teriam ocorrido há mais de 40 (quarenta) anos, no que a juíza entendeu denegar este argumento, como vemos na transcrição:

> *De outro lado, não há como acolher o pedido do referido réu, Manoel dos Santos Pinheiro, para que seja reconhecida a prescrição das condutas a ele imputadas, em razão do decurso de mais de 40 (quarenta) anos desde a suposta prática dos referidos atos, **pois o STJ, em vários julgados, já reiterou o entendimento no sentido da imprescritibilidade da ação para reparação de danos decorrentes de ofensa aos direitos humanos, incluindo aqueles perpetrados durante o regime militar, como é a hipótese dos autos.** (MINAS GERAIS, 2021, grifo nosso).*

Conforme já analisado anteriormente, a imprescritibilidade nestes casos não é cabível, por se tratar de graves violações aos direitos

---

[53]Art. 125. Os Estados organizarão sua Justiça, observados os princípios estabelecidos nesta Constituição. (BRASIL,1988).

§ 4° Compete à Justiça Militar estadual processar e julgar os militares dos Estados, nos crimes militares definidos em lei e as ações judiciais contra atos disciplinares militares, ressalvada a competência do júri quando a vítima for civil, cabendo ao tribunal competente decidir sobre a perda do posto e da patente dos oficiais e da graduação das praças.

§ 5° Compete aos juízes de direito do juízo militar processar e julgar, singularmente, os crimes militares cometidos contra civis e as ações judiciais contra atos disciplinares militares, cabendo ao Conselho de Justiça, sob a presidência de juiz de direito, processar e julgar os demais crimes militares. (Incluído pela Emenda Constitucional n° 45, de 2004). (BRASIL, 1988).

humanos e crimes de lesa humanidade, e portanto, não estão sujeitas a qualquer perdão ou anistia.

E por fim, não acolheu, o argumento de que seria o réu também contemplado com o julgamento da ADPF 153 (DISTRITO FEDERAL, 2010), no sentido de que os crimes a ele imputados já estariam acobertados pelos efeitos da Lei da Anistia, em relação aos ex-agentes da estrutura de repressão política do país. Contudo, a Juíza Anna Cristina Rocha Gonçalves apresentou contra este argumento o entendimento do STJ, pelo precedente de que os crimes conexos são para suspensão dos efeitos da persecução penal dos que cometeram crimes contra seus opositores ou definidos como opositores políticos.

Conforme letra do Art. 1 da Lei 6.683/79, inclusive, não caberia ao Poder Judiciário ampliar o arco de alcance do ato "[...] anistiador a situações que sequer foram cogitadas no momento da edição da Lei de Anistia [...]", sentencia conforme Recurso Especial 1434498/SP.

> *Quanto à preliminar, também suscitada pelo réu Manoel dos Santos Pinheiro, de que os atos a ele atribuídos já estariam acobertados pelos efeitos da Lei 6.683/79 – Lei da Anistia, saliento que o Supremo Tribunal Federal, ao reconhecer a constitucionalidade da Lei da Anistia, conforme julgamento proferido na ADPF 153, ressaltou, conforme item 3 da ementa do referido julgado,* **que a anistia aplica-se aos crimes políticos e aos crimes a eles conexos, devendo ser entendida como 'a anistia criminal de natureza política aos agentes do Estado encarregados da repressão'.** *(MINAS GERAIS, 2021, grifo nosso).*

E reconhece que estão sob julgamento a ADPF 320/DF, pelo qual o PSOL – Partido Socialismo e Liberdade - requer que seja declarado que a Lei de Anistia não se aplica aos crimes de graves violações de direitos humanos praticados por ex-agentes da ditadura militar, sejam funcionários militares ou civis. Pedido que encontra acolhida na recente decisão do STJ, no Resp 1.836.862/SP, de 22 de setembro de 2020, uma das sentenças analisadas na tese, que reconhece a responsabilidade civil de agentes públicos durante a ditadura militar no Brasil.

7.8 O Crime de desaparecimento forçado de pessoas

A prática do crime de desaparecimento forçado está definida no ordenamento internacional, na Declaração sobre a Proteção de todas as Pessoas contra o Desaparecimento Forçado (1992); a Convenção Interamericana sobre o Desaparecimento Forçado de Pessoas (1994); o Estatuto de Roma do Tribunal Penal Internacional, de 1998 (art. 7º, 2, "i") e a Convenção Internacional para a Proteção de todas as Pessoas do desaparecimento forçado (2006) (arts. 2º e 8º). Em todos os documentos normativos, os tratados identificam alguns aspectos para caracterizar a responsabilização do agente (AMBOS; BÖHM; ALFLEN, 2013).

Entre os primeiros elementos da conduta punível, refere-se à privação da liberdade da vítima (seja apreensão, detenção, transferência, prisão ou sequestro), acrescido da recusa em reconhecer a privação da liberdade, negativa de informações e, portanto, fraude de dados e documentos para não revelar o paradeiro da vítima (AMBOS; BÖHM; ALFLEN, 2013).

Os sujeitos ativos desse delito internacional segundo os instrumentos citados, de modo geral, são agentes estatais ou pessoas ou grupo de pessoas que atuam com autorização e cobertura do Estado e suas agências, encobrindo os crimes e vestígios da ação dos agentes, grupos e órgãos. O delito é convertido, portanto, em crime próprio. Conceito mais abrangente quando tratamos do TPI, que identifica de forma mais abrangente o delito, que poderia ser praticado por particulares, uma vez que prevê "[...] apreensão, detenção de desaparecimento forçado de pessoas por um Estado ou uma organização política, com sua autorização, apoio ou aquiescência [...]" (AMBOS; BÖHM; ALFLEN, 2013, p. 34).

A implementação programática da justiça de transição, na identificação do crime de desaparecimento forçado, pode ser identificada em duas das sentenças: o primeiro caso, no voto do Desembargador

Federal Fausto de Sanctis, no caso dos assassinatos de Manoel Lisboa de Moura e Emmanuel Bezerra dos Santos:

> *A inexistência de tipificação do delito de desaparecimento forçado não impede, em hipótese alguma, que o regime jurídico dos crimes contra a humanidade incida no caso concreto. O caso de EMMANUEL é ainda mais emblemático do crime de desaparecimento forçado. Em local e data incerta, foi capturado pela Operação Condor, e levado para o DOI CODI do II Exército, onde foi barbaramente torturado por meio de mutilação de seus membros, além de ter sido submetido ao chamado 'colar da morte', e após, morto por disparo de arma de fogo. A permanência de EMMANUEL nas dependências do DOI CODI do II Exército nunca foi reconhecida. Nem mesmo seu sequestro, pela Operação Condor, é objeto de reconhecimento ou de comprovação documental. (SÃO PAULO, 2021b).*

A sentença em tela amplifica a responsabilidade do Estado Nação em tipificar o crime de desaparecimento forçado. Inclusive, recuperando o conceito de tutela multinível ao regime jurídico internacional, cuja efetivação não depende de tipificação pelo direito interno, justamente por integrarmos o sistema de justiça internacional.

No segundo caso, na sentença do juiz Silvio César Arouk Gemaque, da 9ª Vara Criminal Federal de São Paulo, na sentença que condenou Carlos Alberto Augusto, 'Carlinhos Metralha' (delegado de polícia civil aposentado de São Paulo), quando descreveu o mesmo dispositivo:

> *Imputa-se ao acusado CARLOS ALBERTO AUGUSTO a prática das condutas previstas nos artigos 148, § 2º, c.c. o artigo 29, ambos do Código Penal. Configurada a natureza de crime contra a humanidade em relação aos fatos descritos na denúncia. A denúncia aponta o crime de sequestro qualificado, tipificado no art. 148, §2º, do Código Penal, na medida em que nosso ordenamento jurídico não prevê especificamente **o crime de desaparecimento forçado**. No entanto, isso não afasta a possibilidade de tipificação penal, não se tratando de 'analogia in malam partem', já que todos os elementares encontram-se previstas no mencionado art. 148. (SÃO PAULO, 2021a, grifo nosso).*

Neste precedente histórico, a Justiça Federal promoveu a recepção do crime contra a humanidade aplicando o Código Penal (BRASIL, 1940), Art. 148 – Privar alguém de sua liberdade, mediante sequestro ou cárcere privado; agravado pelo § 2º - Se resulta à vítima, em razão de maus-tratos ou da natureza da detenção, grave sofrimento físico ou moral.

Este reconhecimento promoveu, pela primeira vez, uma sentença condenatória no âmbito penal de um ex-agente da ditadura militar. Promovendo os direitos transicionais internacionais em direito aplicável na jurisdição interna do país. E, portanto, ressalto, promovendo a justiça de transição em sua completude programática, ou seja, os direitos internacionais estão na mesma altura dos direitos e garantias constitucionais, e como os direitos humanos são indivisíveis e interdependentes, não se pode falar em direitos humanos quando a impunidade de crimes contra humanidade torna-se uma regra.

A justiça federal, com estes dois precedentes, veio satisfazer a sociedade na sua luta histórica por justiça, e, ao mesmo tempo, demonstrar a possibilidade penal da responsabilização dos ex-agentes, por diversos outros casos de sequestros, mortes e torturas.

CONCLUSÕES

Os direitos humanos seguem uma jornada que é acompanhada por um conteúdo histórico e filosófico, que desafia os dilemas estruturantes na relação entre o indivíduo e a sociedade. O próprio de conceito de dignidade humana, implicou, em séculos de lutas políticas, fruto da organização dos mais vulneráveis em sociedades, sindicatos, movimentos sociais, que desenham a história moderna da humanidade.

Podemos afirmar que a história das cidades se confunde com este grande e multicultural palco civilizatório da troca entre as nações pelo desejo à vida, protegida pelos seus governos, principados, repúblicas e impérios, na medida em que os grandes centros urbanos ganhavam força econômica e social, como aconteceu com a cidade de Roma.

A realização de uma unidade diplomática entre as civilizações só pôde ser alcançada com a criação das Nações Unidas, doravante denominada de ONU, em resposta aos horrores de duas guerras mundiais que, em curto período de tempo, massacraram milhões de vidas, em uma escala nunca vista na história.

A ONU nasce rompendo o colonialismo nefasto e criminalizando todas as formas de eliminação em massa, pelo conceito jurídico de genocídio. O pacto westfaliano que garantiu impunidade aos soberanos do totalitarismo deveria ser substituído pelos compromissos morais da Declaração Universal dos Direitos Humanos (DIDH), de 10 de dezembro de 1948.

Na Declaração de 1948, encontramos o peso ético da utopia civilizatória, esperança dos povos de construírem um legado que incorpore, em seu conteúdo, as marcas da universalidade, indivisibilidade e interdependência dos direitos humanos.

A redação da DIHD explicita duas grandes forças e interpretações sobre os direitos humanos, qual seja aos direitos civis e políticos tão característicos dos países liberais, ao mesmo tempo em que integrou os direitos econômicos, sociais e culturais defendidos pelos países de regimes socialistas.

Diferentes concepções sobre Direitos Humanos são, na verdade, a multiplicação de dois grandes encontros internacionais, as Convenções Internacionais de Direitos Humanos: a primeira sobre os direitos civis e políticos (1966) e a segunda Convenção sobre os direitos econômicos, sociais e culturais (1966).

Como pontos de partida para a construção dos Pactos Internacionais de Direitos Humanos, e seus protocolos facultativos, os povos reunidos nestas Convenções aprovam uma agenda global de defesa da cidadania global, tratando teoricamente a dicotomia entre hemisfério norte mais rico e o hemisfério sul mais vulnerável.

Em regra, há uma minoria de países que gozam de democracias consolidadas. Estes Estados são aqueles em que os indivíduos conseguiram assegurar seus direitos econômicos, tornando-se 'privilegiados', se considerarmos a grande maioria de pessoas dos países pobres a margem de direitos básicos, como acesso a água, esgotamento sanitário e até mesmo alimentação. A fome é uma realidade global e resultado de um sistema econômico, político e gerador de desigualdades, como já afirmava na década de 1950, Josué de Castro.

O positivo é que as pessoas, em grande maioria dos países mais industrializados, ou mesmo nos países que precisam de apoio econômico, compreendem a necessidade de uma agenda de mudanças e de uma economia ecologicamente sustentável. E os movimentos sociais globais multiplicam-se, e passaram a compor uma paisagem, de atores internacionais, cada dia mais reconhecidos, entre outros motivos, em função da qualidade técnica dos informes, das ações coletivas e da conquista de suas agendas políticas.

Surgiu um paradoxo aos direitos humanos: em certo sentido, quanto mais tratados, convenções e documentos internacionais, mais aumentam os tipos de graves violações de direitos humanos. A construção do sistema global e regional significou tirar das sombras as graves violações de direitos humanos praticadas pelas ditaduras, sistemas autoritários e segregacionistas.

Esta é a história relatada pelo mecanismo das comissões da verdade, espalhadas no mundo, que de uma forma mais geral surgem por uma necessidade de relatar os casos de desaparecimentos forçados, sequestros, sevícias e todos os tipos de violações.

Os países da América Latina, através do Pacto de São José da Costa Rica, pactuaram os indicadores de direitos humanos que são capazes de identificar diversos cenários de violação contra grupos sociais, grupos tradicionais e indivíduos.

No Brasil, a Constituição de 1988 assimilou o Direito Internacional dos Direitos Humanos, reconhecendo que os direitos e garantias fundamentais que o Art. 5º prescreve não limitam os outros direitos e garantias assumidos pelo país, através da ratificação dos tratados de direitos humanos.

Cabe ao parlamento a responsabilidade pelo processo de ratificação dos tratados de direitos humanos, e ao cidadão, de reivindicar ou ajuizar seus direitos, não aceitando os retrocessos.

Como já afirmado, a conquista da garantia dos direitos fundamentais, na teoria do constitucionalismo moderno, assumiu materialidade na redação da Declaração Universal dos Direitos do Homem e do Cidadão (1789), consignando no seu artigo 16º, como podemos transcrever, a seguinte redação: "[...] qualquer sociedade em que não esteja assegurada a garantia dos direitos, nem estabelecida a separação dos poderes, não tem Constituição [...]" (BRASIL, 2020).

O princípio da separação dos poderes hoje é praticamente uma realidade, com relativo sucesso, o mesmo não se pode dizer dos direitos fundamentais, que mesmo sendo reconhecidos, historicamente são negligenciados (FIORAVANTI, 2003, p. 70).

Esta negligência vem acompanhada de uma visão filosófica sobre a condição humana, que nega ao sujeito os direitos básicos e políticas públicas, conforme o neoliberalismo. Quando mais comprometida, menor é o alcance de seus resultados em Direitos Humanos, porque sua natureza permanente exige políticas de Estado.

Os esforços diplomáticos em construir um catálogo de direitos humanos qualificou a reação da sociedade internacional no tema da fome; das desigualdades sociais e políticas. E a filosofia do direto buscou transpor uma lógica formal e instrumental de poder político, afirmando outras maneiras e dimensões dos direitos humanos.

Novas subjetividades e identidades agregaram outras dimensões de direitos humanos e culminaram também em uma revisão de paradigmas, seja nos processos jurídicos de resolução dos conflitos, como na compreensão dos sujeitos históricos envolvidos. Tratou-se de frear a violência estrutural causada por anos de uma sociedade patriarcal e eurocêntrica.

Os direitos humanos, em outras palavras, não podem ser coisificados. Não podem ser substituídos por uma noção legitimadora de antagonismos entre o ser e o dever ser. A opção teórica pela universalidade consolidou uma cidadania global, na espera de que os direitos humanos passassem a ter uma substância ética, revisitada nas Conferências de Teerã, em 1968, e na Conferência de Viena, em 1993.

Diante disso, que a justiça de transição programática é uma realidade jurídica, em construção, apresentada como um dos resultados desta tese, e mostrou-se compatível com o horizonte axiológico dos direitos humanos à luz do pensamento de Joaquim Herrera Flores, Flávia Piovesan e Siddharta Legale, Jürgen Habermas. Trata-se de uma resposta teórica para a matéria de controle de convencionalidade e de responsabilização penal dos ex-agentes da ditadura militar que praticaram, em muitos casos, crimes de lesa humanidade, conforme o pensamento doutrinário de Figueiredo Caldas e Valerio de Oliveira Mazzuoli.

Com o fortalecimento na multilateralidade, cresceu a compreensão e os estudos sobre a tutela subnacional dos tratados e em particular no diálogo necessários entre o direito internacional e o cumprimento das obrigações pelo direito interno.

Neste diálogo, no Manual da Tutela Multinível, encontramos o artigo de René Urueña, que trata da ação dos entes subnacionais na ampliação das obrigações de fazer e cumprir disposições pactuadas internacionalmente, e que nas sentenças e precedentes foram amplamente reconhecidas, bem como, a equiparação dos dispositivos internacionais.

Esta equiparação tem sido estudada, no direito constitucional, através de autores da envergadura de José Gomes Canotilho e José Afonso da Silva, com debates acerca da eficácia da norma constitucional pragmática, que deu origem a uma inquietação sobre o conteúdo programático da teoria transicional e sua aplicabilidade jurídica. Em ambos os campos do conhecimento técnico, acerca dos direitos transicionais, previstos em tratados de direitos humanos e na jurisdição da Corte Interamericana, são equivalentes os tratados e a norma constitucional, independentemente do resultado de um conjunto de medidas legiferantes que complementam o comando convencional.

Diante disso, os argumentos jurídicos, que foram usados para ajuizar ações com a pretensão jurídica de responsabilizar os ex-agentes do Estado, que atuaram na ditadura (um dos pilares da justiça de transição), deram relevo ao modelo teórico, fundamentado controle de convencionalidade.

Destaca-se, ainda, que a justiça de transição é estruturada em valores e garantias à sociedade, neste sentido, os tratados que o Brasil ratificou, como a Convenção Americana de Direitos Humanos, contribuem para o não retorno, através do comando jurídico, para que haja efetiva responsabilização dos crimes do Estado na esfera internacional e de efeitos penais no sistema de justiça pátrio.

Por sua vez, procurou-se demonstrar que este direito convencional é substantivo em seu imperativo de defender a dignidade humana, e se efetiva na sua consequência prática, jurídica, no caso concreto. Trata-se de um direito material evocado nas sentenças estudadas para dar o devido veredito sobre denúncias de torturas e crimes de lesa humanidade que, considerando a complexidade dos delitos praticados na época da ditadura militar, mesmo sem base legal, seria improvável que os agentes, a época, fossem julgados pelo direito nacional, durante o regime ditatorial, tendo em vista a proximidade destes agentes com o poder instituído pelo golpe-civil militar de 1964.

Quando ocorrem os crimes de lesa humanidade, invariavelmente se utiliza do aparato dos regimes autoritários para encobri-los. Por este motivo, muitas vítimas tiveram seus casos levamos para os organismos internacionais e, durante os 21 anos de ditadura, foram ignorados.

O Brasil não foi diferente desta realidade, a estrutura de repressão política contava com ampla e sofisticada rede de monitoramento da sociedade, à revelia da norma constitucional, que se torna semântica com o AI5. Desta forma, a sociedade concentra seus esforços na luta pela anistia, ampla geral e irrestrita.

Passados décadas do golpe civil-militar de 1964, temos outra realidade. O país já possui um dos maiores períodos democráticos de sua história, chegando a criar a Comissão Nacional da Verdade e as Comissões dos Estados. Negar a responsabilização dos ex-agentes que praticaram torturas, e outros crimes de igual gravidade, seria admitir que estaríamos seguindo a passos largos para a barbárie.

Negar o sofrimento dos familiares dos desaparecidos políticos é ser indiferente aos depoimentos e inúmeras audiências públicas praticadas pelas Comissões da Verdade no Brasil inteiro. É curvar-se à banalidade do mal, como expressou tão bem Hannah Arendt, em seu livro *Eichmann em Jerusalém*. Seria o mesmo de assumirmos nossa falta de compaixão. (ARENDT, 1999).

Hannah Arendt desafiou o *establishment* de sua época, através do conceito de ação política dos indivíduos. Com larga experiência na fuga das garras do nazismo e com a perda de amigos para a morte, como no caso de Cesar Benjamim, ela passou a compreender que as pessoas se associam e se juntam quando identificam objetivos em comum, mas que estes objetivos, que ajudam a criar uma identidade de grupo social, podem ser motivados pelo preconceito. É devastador o que o medo pode ocasionar na produção da intolerância e do discurso do mal. A obediência ao poder é uma força poderosa, principalmente quando se nega a crítica, o discurso do contraditório, em outras palavras, silencia-se a voz do outro, por sua cor, raça, opção política. É devastador como a intolerância gera a adesão das massas, e neste processo a verdade torna-se uma um instrumento perigoso: manipular e construir falsas narrativas sobre a realidade passa a ser a regra da propaganda de Estado.

Os fascismos, como sistemas políticos, são resultado das próprias conquistas da modernidade, em outras palavras, a tolerância ao intolerante. O preconceito é inerente aos indivíduos e o poder político utilizou desse fenômeno humano para construir as bases de sua legitimação, dividindo as pessoas e consolidando, nesse campo simbólico, as correntes que vão disputar o poder real.

Nos sistemas totalitários, entre outros sintomas, em nome das massas e do sentimento das ruas, o poder deve ser exercido contra os inimigos do Estado, ultrapassando, em muitos casos, as garantias legais. É por este motivo que um sistema jurídico democrático deve garantir os direitos fundamentais, através de uma corte constitucional formada por juízes que apliquem tecnicamente o direito.

As sentenças que formam o *corpus* da tese, perseguiram estes pilares da democracia constitucional. Conforme analisamos a Decisão do STJ – *Indenização por danos morais e coletivos, e as sentenças do Caso Inez Etiene - Casa da Morte, Caso Edgar Aquino Duarte, Manoel Lisboa e Emmanuel Bezerra dos Santos - RESP - TRF 3º Região e do Caso Povo Krenak - 14ª Vara Federal de Minas Gerais - Belo Horizonte*, acabamos por sistematizar a aplicação de um conjunto de ideias, teses e preceitos jurídicos que há décadas se buscou ecoar no judiciário brasileiro, mas se conseguiu ouvir através do trabalho incansável dos membros do Ministério Público Federal, em particular, do Grupo de Trabalho Justiça de Transição.

Mesmo com os retrocessos em matéria de direitos humanos nos últimos anos, foi possível construir um caminho para reafirmar a necessidade de uma pedagogia da responsabilização, algo que significa passar para outras gerações que o crime de lesa humanidade não compensa.

Os precedentes aqui sistematizados não são volumes vazios, relatam vidas que foram interrompidas pela maldade, perversidade, e falta de compaixão com os familiares de ativistas pela democracia e até mesmo militares como Edgar Aquino Duarte – ex-marinheiro, este desaparecido, o preso político que mais tempo ficou sequestrado até sua morte, cujos restos mortais inda não foram devolvidos aos familiares. O sistema usou de fraudes nos laudos periciais, como no caso Manoel Lisboa e Emmanuel Bezerra dos Santos, para ocultar os crimes de torturas, e no caso do povo Indígena Krenak, em MG, a violência do Estado que reproduzia toda violência colonial, sevícias, perseguições e tentativa de eliminação genocida de um povo. Traços de crueldade que foram sistêmicos e denunciados por Inês Etiene, no caso da Casa da Morte.

O conteúdo das sentenças também demostrou, invariavelmente, que o judiciário incorporou, nos respectivos julgados, aspectos relevantes das conclusões da Comissão Nacional da Verdade e dos conteúdos apresentados nos informes e relatórios das Comissões da Verdade dos respectivos Estados de incidência das vítimas

A CNV e as Comissões da Verdade agora passam a ter um legado jurídico na medida em que suas conclusões foram recepcionadas pelos respectivos juízes e tribunais, ampliando os resultados alcançados, fruto do comissionismo típico do modelo transitório brasileiro, que se espalhou no país e se expandiu de forma intensa pelo desejo por memória, verdade e justiça, como descreveu Cristina Buarque.

Seria prematuro afirmar que estes precedentes apresentam uma tendência da Justiça Federal, algo que nem foi ventilado na hipótese, principalmente pela possibilidade de recursos ainda possam ser apresentados pelas partes contrárias às teses do MPF, através da defesa dos réus. O conservadorismo revisionista e o neoliberalismo são dimensões que precisam ser devidamente refletidos em qualquer prognóstico sobre os direitos humanos no Brasil e no mundo.

Joaquim Herrera Flores conforme apresentado anteriormente, racionaliza o significado dos processos de cumulação e de lutas históricas em matéria de direitos humanos, sua imagem do 'diamante ético' cumpre uma finalidade única do agir enraizado nas várias dimensões dos direitos fundamentais e sua interdependência.

Diante disso, identificamos no sistema de controle de convencionalidade interna, um paralelo com o pensamento dos constitucionalistas Canotilho e José Afonso da Silva, fontes de inspiração, para edificar o conceito de transição programática.

Em síntese, a Constituição é uma estrutura jurídica central para a edificação do Estado de Direito, superior em matéria legal a todas as normas infraconstitucionais. As normas que não forem compatíveis com seus valores e diretrizes passam a ser entendidas como incompatíveis verticalmente. A propósito, José Afonso da Silva, comentando o princípio da Supremacia da Constituição, afirma que: "A constituição se coloca no vértice do sistema jurídico do país, a que confere validade, e que todos os poderes estatais são legítimos na medida em que ela os reconheça e na proporção por ela distribuídos [...]" (SILVA, 2015, p. 47).

A justiça de transição, na mesma medida, reflete o quadro de efetivação das garantias fundamentais, tensiona, internacionalmente contra os regimes autoritários e ditaduras, regimes que promovam a impunidade dos seus agentes, e deixam de herança uma justiça indiferente à necessidade de aplicação imediata dos dispositivos legais de direitos humanos.

Tal situação causa uma negligência criminosa no sistema de justiça, principalmente quando se tem como objetivo superar o anacronismo do passado autoritário e seu saudosismo pelos setores que se beneficiaram do fechamento do regime. A abertura democrática impediu retrocessos e o retorno autoritário, mas é necessária justiça. A Lei da Anistia brasileira (BRASIL, 1979) foi um nítido exemplo de inconvencionalidade diante do Pacto de São José da Costa Rica, conforme a jurisprudência internacional, estudada.

Dar conteúdo ao caráter programático transicional, é, em último caso, homenagear os argumentos jurídicos que efetivaram as primeiras condenações judiciais que romperam com a legalidade autoritária sistêmica que pode estar dando lugar a uma justiça que integra os direitos humanos de forma progressiva.

A aspiração da juridicidade da justiça de transição, nas sentenças analisadas, foi possível, diante do resultado e aplicação da metodologia de controle incidental de convencionalidade da Lei da Anistia, associada diretamente ao dever ético de cumprimento das sentenças Gomes Lund e Vladimir Herzog.

Neste ponto, destaca-se que o Conselho Nacional de Justiça recomendou ao judiciário o uso da jurisprudência da Corte para que os juízes, em sua função de controle de convencionalidade e constitucionalidade, apliquem o que se determina no sistema de tratados de que o país é parte, e para que se implante e julgue-se conforme o regime dos preceitos dos tratados de direitos humanos.

Conclui-se também, que a teoria do duplo controle da lei subnacional (constitucionalidade e convencionalidade) apontou para uma nova dinâmica jurídica no campo da positivação negativa das normas transicionais no Brasil, porque, ao mesmo tempo em que a Lei da Anistia teve seu caráter constitucional reconhecido, conforme a decisão do STF, ADPF 153, a CIDH reconheceu a sua incompatibilidade em relação à Carta de São José da Costa Rica.

Nesse processo, encontramos outra evidência da transição programática, porque os direitos e garantias fundamentais do regime dos tratados são incorporados pela Constituição de 1988, e, não pode o juiz ou tribunal ignorar seus efeitos e incidência no caso concreto, sob pena de incidir-se flagrante crime contra a dignidade do Pacto de São José da Costa Rica.

Concluo afirmando que a justiça de transição programática se acentuou no Brasil, e guarda características típicas das lutas por acesso à justiça. É possível inferir que novas análises em direito comparado permitem novos olhares sobre o fenômeno da tutela multinível, que inicia no caso Brasileiro, a ter uma aceitação mais efetiva dos doutrinadores e no judiciário.

Por fim, após concluirmos o presente trabalho, encerro um percurso de levantamento dos resultados no decorrer desses oito capítulos, na certeza de que o amadurecimento teórico e metodológico oportunizado pelo desenvolvimento dos escritos e da leitura das fontes primárias e secundárias, à luz de uma teoria constitucional transicional, permite afirmar que a hipótese apresentada na introdução foi amplamente confirmada.

Concluo no mesmo entendimento de Fernando Vasconcellos Coelho como já referido, em toda sua produção literária, fez provar que a dita 'revolução' pelos militares nunca houve, fruto de uma geração de gigantes, escreveu que o dito movimento de 1964, foi um Golpe de Estado como consequência da Guerra Fria no Continente. A sociedade ficou mais vulnerável a dominação de classe, o capitalismo das grandes corporações, em sua forma mais violenta, passou a governar o Brasil, e o Estado, ausentou-se de suas obrigações, retirou-se da vida dos brasileiros. E o Estado juiz, este, foi cegado pela truculência das armas, vidas foram interrompidas, e seus familiares, muitos já mortos, não viveram para ver a justiça ser feita.

Aos familiares das vítimas dedico cada minuto desse trabalho, desafiado a ser escrito, em grande parte, durante uma pandemia, durante vários momentos de ataques ao Estado de direito, mas que nasceu, na esperança de que contribua na construção de um conhecimento crítico, científico, mas que não negou a indignação diante da tentativa de esquecimento, silenciamento e negacionismo. Como diria Gonzaguinha

197

(2011): "[...] memória de um tempo, onde lutar por seu direito, é um defeito que mata [...]". Infelizmente, uma realidade ainda atual e a ser superada em nosso país.

REFERÊNCIAS

ACRE. Procuradoria Geral da Justiça. **Despacho nº 19.05.0014.0000205/2021-96**. Pleito de informações pertinentes a expedientes oriundos da Comissão Estadual da Verdade [...]. Apelante: Manoel Severino Moraes de Almeida. Relatora: Procuradora-Geral Kátia Rejane de Araújo Rodrigues, 31 de março de 2021.

ALMEIDA, Eneá de Stutz. **Justiça de transição no Brasil**: apontamentos. Curitiba: CRV, 2017.

AMBOS, Kai; BÖHM, Maria Laura; ALFLEN, Pablo Rodrigo. **Crime**: de desaparecimento forçado de pessoas. São Paulo: Revista Editora dos Tribunais, 2013.

ARENDT, Hannah. **Eichmann em Jerusalém**: um relato sobre a banalidade do mal. São Paulo: Companhia das Letras, 1999.

ARGENTINA. **Ley nº 23.492, de diciembre 23 de 1986**. Dispónese la extinción de acciones penales por presunta participación, en cualquier grado, en los delitos del artículo 10 de la Ley no 23.049 y por aquellos vinculado a la instauración de formas violentas de acción política. Excepciones. Buenos Aires: Presidencia de la Nación, 1986. Disponível em: http://servicios.infoleg.gob.ar/infolegInternet/anexos/20000-24999/21864/norma.htm. Acesso em: 29 jul. 2022.

ARGENTINA. **Ley n° 23.521, de junio 4 de 1987**. Obediencia debida. Se fijan límites. Buenos Aires: Presidencia de la Nación, 1987. Disponível em: http://servicios.infoleg.gob.ar/infolegInternet/anexos/20000-24999/21746/norma.htm. Acesso em: 29 jul. 2022.

BAHIA. Comissão Estadual da Verdade. **Dossiê sobre a denúncia de maus tratos e tortura sofrido pelo preso político, Milton Coêlho de Carvalho**. A referida denúncia é feita através de carta elaborada por Carmélia Pereira de Carvalho, esposa do preso. Salvador: Comissão Estadual da Verdade, 1979. Disponível em: http://www.atom.fpc.ba.gov.br/index.php/dossie-sobre-a-denuncia-de-maus-tratos-e-tortura-sofrido-pelo-preso-politico-milton-coelho-de-carvalho. Acesso em: 28 jul. 2022.

BALDI, César Augusto. Guerrilha do Araguaia e direitos humanos: considerações sobre a decisão da Corte Interamericana. *In*: GOMES, Luís Flávio; MAZZUOLI, Valerio de Oliveira (org.). **Crimes da ditadura militar**: uma análise à luz da jurisprudência da Corte Interamericana de direitos humanos. São Paulo: Revista dos Tribunais, 2011.

BARBOSA, Marco Antônio Rodrigues; VANNUCHI, Paulo. Resgate da memória e da verdade: um direito de todos. *In*: SOARES, Inês Virginia Prado; KISHI, Sandra Akemi Shimada. **Memória e verdade**: a justiça de transição no estado democrático brasileiro. Belo Horizonte: Editora Fórum, 2009.

BARDIN, Laurence. **Análise de conteúdo**. Lisboa: Edições 70, 1977.

BASTOS, Lúcia Elena Arantes Ferreira. As leis de anistia face ao direito internacional e à justiça transicional. In: SOARES, Inês Virginia Prado; KISHI, Sandra Akemi Shimada. **Memória e verdade**: a justiça de transição no estado democrático brasileiro. Belo Horizonte: Editora Fórum, 2009.

BOHN, Giovana; RAMOS, Levi; ABDALLA, Júlia Borges da Costa. Opiniões consultivas e sua importância no direito internacional. In: Mostra Anual de Atividades de Ensino da UEL, 2020, Londrina. **Anais eletrônico** [...]. Londrina: UEL, 2021. Disponível em: http://anais.uel.br/portal/index.php/proensino/article/view/14 02#:~:text=As%20Opini%C3%B5es%20Consultivas%20s%C3 %A3o%20um,caso%20da%20Corte%20Interamericana%20de. Acesso em: 29 jul. 2022.

BORGES, Adriano Souto et al. Resenha do livro metodologia da ciência do direito, de Karl Larenz. **Revista da Faculdade de Direito da UFMG**, Belo Horizonte, n. 64, p. 565-571, jan./jun. 2014. Disponível em: https://www.direito.ufmg.br/revista/index.php/ revista/article/ view/P.0304-2340.2014v64p563/1537. Acesso em: 20 dez. 2021.

BORGES, Bruno Barbosa. **Justiça de transição**: a transição inconclusa e suas consequências na democracia brasileira. Curitiba: Juruá, 2012.

BRASIL. [Constituição (1967)]. **Constituição da República Federativa do Brasil de 1967**. Brasília, DF: Presidência da República, 1967. Disponível em: http://www.planalto. gov.br/ccivil_03/constituicao/constituicao67.htm. Acesso em: 24 maio 2022.

BRASIL. [Constituição (1988)]. **Constituição da República Federativa do Brasil de 1988**. Brasília, DF: Presidência da República, 1988. Disponível em: http://www.planalto .gov.br/ccivil_03/constituicao/constituicao.htm. Acesso em: 22 maio. 2022.

BRASIL. **Decreto-Lei n° 2.848, de 7 de dezembro de 1940**. Código Penal. Brasília, DF: Presidência da República, 1940. Disponível em: http://www.planalto.gov.br/ccivil_03/decreto -lei/del2848 compilado.htm. Acesso em: 8 jun. 2022.

BRASIL. **Decreto nº 1.904, de 13 de maio de 1996**. Institui o Programa Nacional de Direitos Humanos - PNDH. Brasília, DF: Presidência da República, 1996. Disponível em: http://www.planalto.gov.br/ccivil_03/decreto/d1904.htm. Acesso em: 21 maio 2022.

BRASIL. **Decreto nº 4.229, de 13 de maio de 2002**. Dispõe sobre o Programa Nacional de Direitos Humanos - PNDH, instituído pelo Decreto no 1.904 [...]. Brasília, DF: Presidência da República, 2002a. Disponível em: http://www.planalto.gov.br/ccivil_03/decreto/2002 /d4229.htm. Acesso em: 21 maio 2022.

BRASIL. **Decreto nº 4.388, de 25 de setembro de 2002**. Promulga o Estatuto de Roma do Tribunal Penal Internacional. Brasília, DF: Presidência da República, 2002b. Disponível em: http://www.planalto.gov.br/ccivil_03/decreto/2002/d4388.htm. Acesso em: 22 maio 2022.

BRASIL. **Decreto nº 7.037, de 21 de dezembro de 2009**. Aprova o Programa Nacional de Direitos Humanos - PNDH-3 e dá outras providências. Brasília, DF: Presidência da República, 2009a. Disponível em: http://www.planalto.gov.br/ccivil_03/_ato2007 2010/2009/ decreto/d7037.htm. Acesso em: 21 maio 2022.

BRASIL. **Decreto nº 7.177, de 12 de maio de 2010**. Altera o Anexo do Decreto no 7.037, de 21 de dezembro de 2009 [...]. Brasília, DF: Presidência da República, 2010. Disponível em: http://www.planalto.gov.br/ccivil_03/_ato2007-2010/2009/decreto/d7037.htm. Acesso em: 21 maio 2022.

BRASIL. **Emenda Constitucional nº 1, de 17 de outubro de 1969**. Edita o novo texto da Constituição Federal de 24 de janeiro de 1967. Brasília, DF: Presidência da República, 1969. Disponível em: http://www.planalto.gov.br/ccivil_03/constituicao/emendas/emc_ anterior1988/emc01-69.htm. Acesso em: 29 jul. 2022.

BRASIL. **Emenda Constitucional nº 11, de 13 de outubro de 1978**. Altera dispositivos da Constituição Federal. Brasília, DF: Presidência da República, 1978. Disponível em: http://www. planalto.gov.br/ccivil_03/constituicao/emendas/emc_anterior19 88/emc11-78.htm. Acesso em: 29 jul. 2022.

BRASIL. **Emenda Constitucional nº 26, de 27 de novembro de 1985**. Convoca Assembleia Nacional Constituinte e dá outras providências. Brasília, DF: Presidência da República, 1985. Disponível em: http://www.planalto.gov.br/ccivil_03/ constituicao/emendas/emc_anterior 1988/emc26-85.htm. Acesso em: 21 maio 2022.

BRASIL. **Lei nº 6.683, de 28 de agosto de 1979**. Concede anistia e dá outras providências. Brasília, DF: Presidência da República, 1979. Disponível em: http://www.planalto.gov.br/ccivil_03/leis/ l6683.htm#:~:text=1%C2%BA%20%C3%89%20concedida%20 anistia%20a,de%20funda%C3%A7%C3%B5es%20vinculadas%2 0ao%20poder. Acesso em: 21 maio 2022.

BRASIL. **Lei nº 9.140, de 04 de dezembro de 1995**. Reconhece como mortas pessoas desaparecidas em razão de participação [...]. Brasília, DF: Presidência da República, 1995. Disponível em: http://www.planalto.gov.br/ccivil_03/leis/l9140.htm. Acesso em: 21 maio 2022.

BRASIL. **Lei nº 9.868, de 10 de novembro de 1999**. Dispõe sobre o processo e julgamento da ação [...]. Brasília, DF: Presidência da República, 1999a. Disponível em: http://www.planalto.gov.br/ ccivil_03/leis/l9868.htm#:~:text=LEI%20No%209.868%2C%2 0DE%2010%20DE%20NOVEMBRO%20DE%201999.&text= Disp%C3%B5e%20sobre%20o%20processo%20e,perante%20o %20Supremo%20Tribunal%20Federal. Acesso em: 29 jul. 2022.

BRASIL. **Lei nº 9.882, de 3 de dezembro de 1999.** Dispõe sobre o processo e julgamento da argüição [...]. Brasília, DF: Presidência da República, 1999b. Disponível em: http://www.planalto.gov.br/ ccivil_03/leis/l9882.htm. Acesso em: 29 jul. 2022.

BRASIL. **Lei no 10.536, de 14 de agosto de 2002.** Altera dispositivos da Lei nº 9.140, de 4 de dezembro de 1995, que reconhece como mortas pessoas desaparecidas em razão de participação [...]. Brasília, DF: Presidência da República, 2002c. Disponível em: http://www. planalto.gov.br/ccivil_03/leis/2002/l10536.htm. Acesso em: 21 maio 2022.

BRASIL. **Lei no 10.559, de 13 de novembro de 2002.** Regulamenta o art. 8º do Ato das Disposições Constitucionais Transitórias e dá outras providências. Brasília, DF: Presidência da República, 2002d. Disponível em: http://www.planalto.gov.br/ccivil_03/leis/2002/ l10559.htm. Acesso em: 21 maio 2022.

BRASIL. **Lei nº 12.528, de 18 de novembro de 2011.** Cria a Comissão Nacional da Verdade no âmbito da Casa Civil da Presidência da República. Brasília, DF: Presidência da República, 2011. Disponível em: http://www.planalto.gov.br/ccivil_03/_ato2011 2014/2011/lei/l12528 .htm. Acesso em: 21 maio 2022.

BRASIL. **Medida provisória nº 870, de 1º de janeiro de 2019.** Estabelece a organização básica dos órgãos da Presidência da República e dos Ministérios. Brasília, DF: Presidência da República, 2019. Disponível em: http://www.planalto.gov.br/ ccivil_03/_ato20192022/2019/Mpv/mpv870.htm. Acesso em: 21 maio 2022.

BRASIL. Câmara dos Deputados. **Resolução nº 35, de 14 de dezembro de 1963.** Cria comissão de Inquérito para apurar fatos relacionados com o IBAD e o IPES. Disponível em: https://legis.senado. leg.br/ norma/559404. Acesso em: 15 jun. 2022.

BRASIL. Conselho Nacional de Justiça. **Recomendação nº 124, de 7 de janeiro de 2022**. Recomenda aos tribunais que instituam e mantenham programas voltados à reflexão e responsabilização de agressores de violência doméstica e familiar. Brasília, DF: CNJ, 2022. Disponível em: https://atos.cnj.jus.br/files/original1535 112022011161 dda3afb39db.pdf. Acesso em: 22 maio 2022.

BRASIL. Comissão Nacional da Verdade. **Relatório**. Brasília, DF: CNV, 2014.

BRASIL. Comissão Nacional da Verdade. **Relatório Final**. Brasília, DF: CNV, 2014b. Disponível em: http://cnv.memoriasreveladas.gov. br/images/pdf/riocentro/relatorio_ preliminar.pdf. Acesso em: 12 jun. 2022.

BRASIL. Comissão Nacional da Verdade. **Relatório Preliminar de Pesquisa Caso Riocentro: terrorismo de Estado contra a população brasileira**. Brasília, DF: CNV, 2014b. Disponível em: http://cnv.memoriasreveladas.gov.br/images/pdf/riocentro/rela torio_ preliminar.pdf. Acesso em: 12 jun. 2022.

BRASIL. Ministério Público Federal. **Grupo de Trabalho Justiça de transição**. Rio de Janeiro: Ministério Público Federal, [2013]. Disponível em: http://www.prrj.mpf.mp.br/institucional/crimes-da-ditadura/atuacao. Acesso em: 28 jul. 2022.

BRASIL. Ministério Público Federal. Grupo de Trabalho Justiça de transição. **Pesquisa documental**. Rio de Janeiro: Ministério Público Federal, [2022]. Disponível em: https://justicadetransicao. mpf.mp.br/pesquisa-documental. Acesso em: 29 jul. 2022.

BRASIL. Ministério Público Federal. 2ª Câmara de Coordenação e Revisão, Criminal. **Crimes da ditadura militar**. Brasília, DF: Ministério Público Federal, 2017. Série relatórios de atuação, 2. Disponível em: http://bibliotecadigital.mpf.mp.br/bdmpf/bitstr eam/handle/11549/111168/3_Crimes_da_Ditadura_Militar_Dig ital.pdf?sequence=1&isAllowed=y. Acesso em: 29 jul. 2019.

BRASIL. Secretaria Especial dos Direitos Humanos. Comissão Especial sobre Mortos e Desaparecidos Políticos. **Direito à verdade e à memória:** Comissão Especial sobre Mortos e Desaparecidos Políticos. Brasília, DF: Secretaria Especial dos Direitos Humanos, 2007.

BRASIL. Secretária Especial dos Direitos Humanos da Presidência da República. **Programa Nacional dos direitos humanos (PNDH 3).** Brasília, DF: SEDH/PR, 2009b. Disponível em: https://direito.mppr.mp.br/arquivos/File/PNDH3.pdf. Acesso em: 21 maio 2022.

CANOTILHO, J. J. Gomes. **Constituição dirigente e vinculação do legislador.** 2. ed. Coimbra: Ed. Coimbra, 2001.

CANOTILHO, J. J. Gomes. **Direito constitucional.** 6. ed. Coimbra: Livraria Almedina, 1993.

CANOTILHO, J. J. Gomes. **Direito constitucional e teoria da constituição.** 7. ed. Coimbra: Livraria Almedina, 2003.

CAVALLO, Gonzalo Aguilar. ¿Quién es el guardián de la Convención Americana sobre Derechos Humanos? In: BOGDANDY, Armin von; PIOVASAN, Flávia; ANTONIAZZI, Mariela Morales. **Direitos humanos, democracia e integração jurídica:** emergência de um novo direito público. Rio de Janeiro: Elsevier, 2013.

CHILE. **Decreto Ley nº 2.1919, 18 de abril de 1978.** Concede amnistia a las personas que indica por los delitos que señala. Santiago: Presidencia de la Nación, 1978. Disponível em: https://www.bcn.cl/leychile/navegar?idNorma=6849. Acesso em: 29 jul. 2022.

CHILE. Corte Suprema. **Sentencia caso Mario Superby Jeldres y Hugo Vásquez Martínez.** Decisiòn. Relator: Ministro Ballesteros, 13 de diciembre de 2006. Disponível em: https://expedientesdelarepresion.cl/wp-content/uploads/2018/03/sentencia-cs-caso-mario-superby-y-hugo-vasquez.pdf. Acesso em: 12 jul. 2022.

COELHO, Fernando de Vasconcelos. **A OAB e o regime militar (1964-1986).** Recife: Ordem dos Advogados do Brasil, 1996.

COELHO, Fernando de Vasconcelos. **1964:** golpe de estado, ditadura e guerra fria. Recife: Bagaço, 2010.

COELHO, Fernando de Vasconcelos. **Direita, volver:** o golpe de 1964 em Pernambuco. 2. ed. Recife: Bagaço, 2012.

COELHO, Fernando de Vasconcelos *et al.* **Relatório final da comissão da memória e da verdade Dom Helder Camara.** Recife: CEPE, 2017. Organização Comissão Estadual da Memória e Verdade Dom Helder Camara.

COMBLIM, Joseph. **A Ideologia da Segurança Nacional.** 2. ed. Rio de Janeiro: Civilização Brasileira, 1978.

COMISSÃO ESTADUAL DA MEMÓRIA E VERDADE DOM HELDER CÂMARA. **Fundo CEMVDHC.** Recife: CEMVDHC, 2012. Disponível em: https://www.comissaoda verdade.pe.gov.br/index.php/comissao-da-verdade. Acesso em: 29 jul. 2022.

COMISSÃO ESTADUAL DA MEMÓRIA E VERDADE DOM HELDER CÂMARA. **Relatório Final.** Recife: CEMVDHC, 2012b. v. 1. Disponível em: https://www.comissao daverdade.pe.gov.br/index.php/relatorio-final-vol-1-web-pdf. Acesso em: 29 jul. 2022.

COMISSÃO INTERAMERICANA DE DIREITOS HUMANOS. **Compendio de la Comisión Interamericana de Derechos Humanos sobre verdad, memoria, justicia y reparación en contextos transicionales.** Washington, D. C.: CIDH, 2021. Disponível em: https://www.oas.org/es/cidh/informes/pdfs/CompendioJusticiaTransicional-es.pdf. Acesso em: 20 jan. 2022.

COMISSÃO INTERAMERICANA DE DIREITOS HUMANOS. **Caso Herzog e Outros admissibilidade Brasil:** Relatório 80/12, Petição P-859-09. Washington, D. C.: CIDH, 2012. Disponível em: https://cidh.oas.org/annualrep/2012port/BRAD859-09PO.DOC. Acesso em: 20 nov. 2020.

COMPARATO, Fábio Konder. **A afirmação histórica dos direitos humanos.** 12. ed. São Paulo: Saraiva Educação, 2019.

CONFERÊNCIA MUNDIAL DE DIREITOS HUMANOS. **Declaração e Programa de Ação de Viena, 1993.** Belo Horizonte: CEDIN, 1993. Disponível em: https://www.oas.org/dil/port/1993%20Declara%C3%A7%C3%A3o%20e%20Programa%20de%20Ac%C3%A7%C3%A3o%20adoptado%20pela%20Confer%C3%AAncia%20Mundial%20de%20Viena%20sobre%20Direitos%20Humanos%20em%20junho%20de%201993.pdf. Acesso em: 28 jul. 2022.

CONFERÊNCIA NACIONAL DE DIREITOS HUMANOS. **Resoluções aprovadas na 11ª Conferência Nacional de Direitos Humanos.** Brasília, DF: Secretária Especial de Direitos Humanos, 2008. Disponível em: https://www.ipea.gov.br/participacao/images/pdfs/conferencias/Direitos_humanos_XI/deliberacoes_11_conferencia_direitos_humanos.pdf. Acesso em: 12 jun. 2022.

CORTE INTERAMERICANA DE DIREITOS HUMANOS. **Caso Almonacid Arellano y otros Vs. Chile, Sentencia de 26 de septiembre de 2006.** Excepciones Preliminares, Fondo, Reparaciones y Costas. Relator: Presidente Sergio García Ramírez. Costa Rica: IDH, 2006. Disponível em: https://www.corteidh.or.cr/docs/casos/articulos/seriec_154_es p.pdf. Acesso em: 29 jul. 2019.

CORTE INTERAMERICANA DE DIREITOS HUMANOS. **Caso Gomes Lund e Outros ("Guerrilha Do Araguaia") Vs. Brasil.** Exceções Preliminares, Mérito, Reparações e Custas. Relator: Presidente Diego García-Sayán. Costa Rica: IDH, 2010. Disponível em: https://www.corteidh.or.cr/docs/casos/articulos/seriec_219_por.pdf. Acesso em: 29 jul. 2019.

CORTE INTERAMERICANA DE DIREITOS HUMANOS. **Caso Herzog e Outros Vs. Brasil, Sentença de 15 de março de 2018.** Exceções Preliminares, Mérito, Reparações e Custas. Relator: Presidente Eduardo Ferrer Mac-Gregor Poisot. Costa Rica: IDH, 2018. Disponível em: http://www.corteidh.or.cr/docs/casos/articulos/seriec_353_por.pdf. Acesso em: 20 nov. 2019.

CORTE INTERAMERICANA DE DIREITOS HUMANOS. **Caso Velásquez Rodríguez vs. Honduras, Sentencia de 29 de Júlio de 1988.** Sentença. Relator: Presidente Rafael Nieto Navia. Costa Rica: IDH, 1988. Disponível em: http://www.corteidh.or.cr/docs/casos/articulos /seriec_04_esp.pdf. Acesso em: 21 ago. 2018.

DECLARAÇÃO dos Direitos do Homem e do Cidadão de 1789. [*S. l.: s. n.*], 2018. Disponível em: https://www.ufsm.br/app/uploads/sites/414/2018/10/1789.pdf. Acesso em: 29 jul. 2022.

DELLA CAVA, Ralph. **Terror in Brazil:** A dossier. New York: Columbia University, 1970. Disponível em: https://library.brown. edu/create/wecannotremainsilent/wp-content/uploads/sites/43 /2021/10/della-Cava-Torture-in-Brazil-3.pdf. Acesso em: 28 jul. 2022.

DIREITOS HUMANOS NA INTERNET. **Carta de Londres, de 08 de agosto de 1945**. Natal: DHNET, 2022. Disponível em: http://www.dhnet.org.br/direitos/anthist/nuremberg/ nuremberg/anexo.html. Acesso em: 20 jun. 2022.

DIREITOS HUMANOS NA INTERNET. **Convenção sobre a imprescritibilidade dos crimes de guerra e dos crimes contra a humanidade, de 26 de novembro de 1968.** Natal: DHNET, [202-]. Disponível em: http://www.dhnet.org.br/direitos/ sip/onu/genocidio /conv68.htm. Acesso em: 23 jan. 2022.

DISTRITO FEDERAL. Supremo Tribunal Federal. **Agravo regimental no recurso especial nº 1.270.045/DF**. Súmula nº 624. Processual Civil e Administrativo. Agravo Regimental [...]. Relator: Ministro Napoleão Nunes Maia Filho, 17 de dezembro de 2018. Disponível em: https://www.stj.jus.br/publicacaoinstit ucional/index.php/sumstj/article/download/5053/5180. Acesso em: 22 maio 2022.

DISTRITO FEDERAL. Supremo Tribunal Federal. **Arguição de descumprimento de preceito fundamental 153/DF**. Decisão. A Lei nº 6.683 [...]. Relator: Ministro Eros Grau, 29 de abril de 2010. Disponível em: https://redir.stf.jus.br/ paginadorpub/paginador.jsp?docTP=AC&docID=612960. Acesso em: 21 maio 2022.

DISTRITO FEDERAL. Supremo Tribunal Federal. **Arguição de descumprimento de preceito fundamental 320/DF**. Decisão. Relator: Ministro Dias Toffoli, 28 de agosto de 2014. Disponível em: https://portal.stf.jus.br/processos/detalhe .asp?incidente=4574695. Acesso em: 21 maio 2022.

DISTRITO FEDERAL. Supremo Tribunal Federal. **Recurso Especial nº 1836862 SP 2019/0268276-9/DF**. Ação Civil. Reparação histórica por Violações de Direitos fundamentais no Regime Militar [...]. Relator: Ministro O. G. Fernandes, 22 de setembro de 2020. Disponível em: https://stj.jusbrasil.com.br/jurisprudencia/ 1238808021/recurso-especial-resp-1836862-sp-2019-0268276-9. Acesso em: 21 maio 2022.

DREIFUSS, René Armand. **1964**: a conquista do estado, ação política, poder e golpe de classe. Petrópolis: Vozes, 1981.

ELSTER, Jon. **Closing the books:** transitional justice in historical perspective. Cambridge: Cambridge University Press, 2004.

EVO Morales: "A CIA contatou a inteligência Argentina para o golpe na Bolívia". *In*: Brasil de Fato, Minas Geras, 19 jul. 2021. Disponível em: https://www.brasildefato.com.br /2021/07/19/evo-morales-a-cia-contatou-a-inteligencia-argentina-para-o-golpe-na-bolivia. Acesso em: 12 jun. 2022.

FÁVERO, Eugênia Augusta Gonzaga. Crimes da Ditadura: iniciativas do Ministério Público Federal em São Paulo. *In*: SOARES, Inês Virgínia Prado; KISHI, Sandra Akemi Shimada. **Memória e verdade**: a justiça de transição no estado democrático brasileiro. Belo Horizonte: Fórum, 2009.

FIORAVANTI, Maurizio. **Los Derechos Fundamentales:** apuntes de história de las constituciones. Madrid: Editorial Trotta, 2003.

211

FREITAS FILHO, Roberto; LIMA, Thalita Moraes. Metodologia de análise de decisões: MAD. **Revista Universitas Jus**, Brasília, DF, n. 21, jul./dez. 2010. Disponível em: https://www. publicacoesacademicas.uniceub.br/jus/article/view/1206/0. Acesso em: 10 nov. 2019.

GASPARI, Elio. **A ditadura derrotada**. Rio de Janeiro: Intrínseca, 2014.

GENRO, Tarso; ABRÃO, Paulo. **Os direitos da transição e a democracia no Brasil**: estudos sobre justiça de transição e teoria da democracia. Belo Horizonte: Editora Fórum, 2012.

GOMES, Luís Flávio; MAZZUOLI, Valério de Oliveira (org.). **Crimes da ditadura militar**: uma análise à luz da jurisprudência da Corte Interamericana de direitos humanos. São Paulo: Revista dos Tribunais, 2011.

GONZAGUINHA. **Pequena memória para um tempo sem memória**. [*S. l.: s. n.*], [2011]. 1 vídeo (4 min 12 seg). Disponível em: https://www.youtube.com/watch?v=SJ_1pjnW2Lg. Acesso em: 24 maio 2022.

GORENDER, Jacob. **Combate nas trevas**: a esquerda brasileira, das ilusões perdidas à luta armada. São Paulo: Ed. Ártica, 1987.

GREEN, James N. **Apesar de vocês**: oposição à ditadura brasileira nos Estados Unidos, 1964 a 1985. São Paulo: Companhia das Letras, 2009.

HABERMAS, Jürgen. **Facticidade e validade**: contribuições para uma teoria discursiva do direito e da democracia. São Paulo: Ed. UNESP, 2020.

HAGUETTE, Teresa Maria. **Metodologias qualitativas na sociologia**. Petrópolis: Vozes, 2000.

HERRERA FLORES, Joaquín. Hacia una visión compleja de los derechos humanos. *In*: HERRERA FLORES, Joaquín (ed.). **El Vuelo de Anteo. Derechos humanos y crítica de la razón liberal.** Bilbao: Desclée De Brouwer, 2000.

HERRERA FLORES, Joaquín. **Los derechos humanos como productos culturales:** crítica del humanismo abstracto. Madrid: Catarata, 2005.

HERRERA FLORES, Joaquín. **A reinvenção dos direitos humanos.** Florianópolis: Fundação Boiteux, 2009.

HOLLANDA, Cristina Buarque de; ISRAEL, Vinícius Pinheiro. Panorama das comissões da verdade no Brasil: uma reflexão sobre novos sentidos de legitimidade e representação democrática. **Revista de Sociologia e Política**, Paraná, v. 27, n. 70, p. 1-21, 2019. Disponível em: https://www.scielo.brj/rsocp/a/ zJsRMGTHCLyvTghpc7Vc L8k/?lang=pt. Acesso em: 5 jan. 2022.

HOLLANDA, Cristina Buarque de; MACHADO, Matheus Vitorino. **Dicionário dos negacionismos no Brasil.** Recife: CEPE, 2022.

ISHAQ, Vivien; FRANCO, Pablo E.; SOUSA, Teresa E. de. **A escrita da repressão e da subversão, 1964-1985.** Rio de Janeiro: Arquivo Nacional, 2002.

KELSEN, Hans. **Jurisdição constitucional.** São Paulo: Martins Fontes, 2003.

KRITZ, Neil (org.). **Transitional Justice:** how emerging democracies reckon with former regimes. Washington, DC.: United States Intitute of Peace, 1995. 3 v.

LARENZ, Karl. **Metodologia da ciência do direito.** Lisboa: Fundação Calouste Gulbenkian, 2019.

LEGALE, Siddharta. **Curso de teoria constitucional interamericana**. Rio de Janeiro: Núcleo Interamericano de Direitos Humanos, 2021.

LEI da Anistia completa 40 anos: Ceará é único a indenizar ex-presos da ditadura. *In*: **Ceará Agora**, Fortaleza, 28 ago. 2019. Disponível em: https://cearaagora.com.br/lei-da-anistia-completa-40-anos-ceara-e-unico-a-indenizar-ex-presos-da-ditadura/ Acesso em: 18 de jun. 2022.

LEITE, Carlos Henrique Costa. **Supremacia judicial e justiça de transição**: a última palavra sobre o significado da constituição e o caso da lei da anistia. Rio de Janeiro: Lumes Juris, 2016.

LEMOS, Talita Tayara. **Por um constitucionalismo transicional**: ditadura, memória e promessa. Belo Horizonte: Ed. D'Placido, 2019.

LIMA, Luiz Octavio de. **Os anos de chumbo**: a militância, a repressão e a cultura de um tempo que definiu o destino do Brasil. São Paulo: Planeta do Brasil, 2020.

MACCORMICK, Neil. **Legal reasoning and legal theory**. Oxford: Clarendon Series, 2003.

MAGALHÃES, Juliana Neuenschwander. Diversidade cultural e justiça de transição: os casos de perseguição aos índios durante a ditadura militar e a transição política no Brasil. **Quaderni Fiorentini per la storia del pensiero giuridico moderno,** Firenze, n. 44, t. II, p. 1137-1166, 2015. Disponível em: https://pt.scribd.com/document/424768853/ NEUENSCHWANDER-Juliana-Diversidade-Cultural-e-Justica-de-Transicao-in-Quaderni-Fiorentini. Acesso em: 22 maio 2022.

MARTINS, João Victor Nascimento. **Juridicidade e justiça e transição**. Belo Horizonte: Ed. D'Placido, 2014.

MARX, Ivan Cláudio. **Justiça de transição**: necessidade e factibilidade da punição aos crimes da ditadura. Rio de Janeiro: Lumen Juris, 2014.

MAZZUOLI, Valerio de Oliveira. Teoria geral do controle de convencionalidade no direito. *In*: BOGDANDY, Armin von; PIOVASAN, Flávia; ANTONIAZZI, Mariela Morales. **Direitos humanos, democracia e integração jurídica**: emergência de um novo direito público. Rio de Janeiro: Elsevier, 2013.

MENDES, Gilmar Ferreira; BRANCO, Paulo Gustavo Gonet. **Curso de direito constitucional**. 14. ed. rev. São Paulo: Saraiva, 2019.

MEYER, Emilio Peluso Neder. **Ditadura e responsabilização**: elementos para uma justiça de transição no Brasil. Belo Horizonte: Arraes, 2012.

MEZAROBBA, Glenda. O que é justiça de transição? uma análise do conceito a partir do caso brasileiro. *In*: SOARES, Inês Virgínia Prado; KISHI, Sandra Akemi Shimada. **Memória e verdade**: a justiça de transição no estado democrático brasileiro. Belo Horizonte: Fórum, 2009.

MINAS GERAIS. Tribunal Regional Federal. **Ação Civil Pública nº 0064483-95.2015.4.01.3800/MG**. Sentença. Relatora: Juíza Anna Cristina Rocha Gonçalves, 13 de setembro de 2021. Disponível em: https://www.conjur.com.br/dl/0064483-9520154013800-juiza-condena.pdf. Acesso em: 22 maio 2022.

MORAES, Manoel Severino de Almeida. Entrevista com Manoel Severino Moraes de Almeida. [Entrevista cedida a] Cristina Buarque de Hollanda. **Figshare**, 2019. Disponível em: https://figshare.com/articles/online_resource/Entrevista_com_Manoel _Severino_Moraes_CEMVDHC_/8243123. Acesso em: 07 fev. 2022.

ORDEM DOS ADVOGADOS DO BRASIL. Comissão de Direitos Humanos Assistência Judiciária. **[Relatório de 18 de setembro de 1971 entregue por Inês Etienne Romeu]**. Rio de Janeiro: [*s. n.*], 2013. Disponível em: http://cnv.memoriasreveladas.gov.br/images/documentos/Capitulo12/Nota%20138,%20139,%20140,%20141,%20142,%20143,%20146,%20148,%20149,%20164%20-%2000092.000660_2013-31.pdf. Acesso em: 30 jul. 2022.

PAGE, Joseph A. **A revolução que nunca houve**: o nordeste do Brasil, 1955-1964. Rio de Janeiro: Record, 1972.

PARQUET. *In*: **Direito.Legal**, [*S. l.*], 2018. Disponível em: https://direito.legal/dicionario-juridico/parquet-significado/. Acesso em: 12 jun. 2022.

PASSOS, Juliana; ALMEIDA, Manoel Severino Moraes de. Justiça Transicional: o modelo chileno. *In*: SOUSA JUNIOR, José Geraldo de; SILVA FILHO, José Carlos Moreira da; PAIXÃO, Cristiano; FONSECA, Lívia Gimenes Dias da; RAMPIN, Talita Tatiana Dias. **O direito achado na rua**: introdução crítica à justiça de transição na América Latina. Brasília, DF: UnB, 2015. Disponível em: https://livros.unb.br/index.php/portal/catalog/view/116/303/1008. Acesso em: 12 jul. 2022.

PEREIRA, Anthony W. **Ditadura e repressão**: o autoritarismo e o estado de direito no Brasil, no Chile e na Argentina. São Paulo: Paz e Terra, 2010.

PERNAMBUCO. **Lei nº 11.773 de 23 de maio de 2000**. Dispõe sobre indenizações a pessoas detidas por motivos políticos [...]. Recife: Governo do Estado, 2000. Disponível em: http://legis.alepe.pe.gov.br/texto.aspx?id=3866. Acesso em: 21 maio 2022.

PERNAMBUCO. **Lei nº 14.688, de 1 de junho de 2012**. Cria a Comissão Estadual da Memória e Verdade Dom Helder Câmara. Recife: Governo do Estado, 2012. Disponível em: https://legis.alepe.pe.gov.br/texto.aspx?tiponorma=1&numero= 14688&comple mento=0&ano=2012&tipo=&url=#:~:text=Cria%20a%20Comi ss%C3%A3o%20Estadual%20da%20Mem%C3%B3ria%20e%20 Verdade%20Dom%20Helder%20C%C3%A2mara. Acesso em: 21 maio 2022.

PERRONE-MOISÉS, Cláudia. **Direito internacional penal**: imunidade e anistias. Barueri: Manole, 2012.

PIOVESAN, Flávia. Lei de Anistia, sistema interamericano e o caso brasileiro. *In*: GOMES, Luís Flávio; MAZZUOLI, Valerio de Oliveira (org.). **Crimes da ditadura militar**: uma análise à luz da jurisprudência da Corte Interamericana de direitos humanos. São Paulo: Revista dos Tribunais, 2011.

PIOVESAN, Flavia. A proteção dos direitos humanos no sistema constitucional brasileiro. **Revista da Procuradoria Geral do Estado**, São Paulo, n. 5, 2012. Disponível em: http://www.pge.sp.gov.br/centrodeestudos/revistaspge/revista5/5rev4.htm. Acesso em: 20 fev. 2022.

PIOVESAN, Flávia; CRUZ, Julia Cunha. **Curso de direitos humanos**: sistema interamericano. Rio de Janeiro: Forense, 2021.

QUEIROZ, Rafael Mafei Rabelo; FEFERBAUM, Marina. **Metodologia da pesquisa em direito**: técnicas e abordagens para elaboração de monografias, dissertações e teses. 2. ed. São Paulo: Saraiva, 2019.

QUINALHA, Renan Honório. **Justiça de transição**: contornos do conceito. São Paulo: Dobra Editorial, 2013.

RAMOS, André de Carvalho. Crimes da ditadura militar: a ADPF 153 e a Corte Interamericana de Direitos Humanos. *In:* GOMES, Luís Flávio; MAZZUOLI, Valerio de Oliveira (org.). **Crimes da ditadura militar**: uma análise à luz da jurisprudência da Corte Interamericana de direitos humanos. São Paulo: Revista dos Tribunais, 2011.

REIS, Daniel Aarão; SÁ, Jair Ferreira de. **Imagens da Revolução**: documentos políticos das organizações clandestinas de esquerda dos anos 1961-1971. Rio de Janeiro: Editora Marco Zero, 1985.

RIO DE JANEIRO. Tribunal Regional Federal. **Ação Penal nº 0170716-17.2016.4.02.5106/RJ.** Acordão. Relator: Desembarcador Paulo Espírito Santo, 14 de ago. de 2019. Disponível em: https://www.jusbrasil.com.br/processos/198016185/ processo-n-0170716-1720164025106-do-trf-2. Acesso em: 21 maio 2022.

SANTOS, Gustavo Ferreira; ALMEIDA, Manoel Severino Moraes (org.). **Tutela multinível de direitos humanos**. Andradina: Meraki, 2020.

SÃO PAULO. Secretária do Estado dos Negócios da Segurança Pública. Polícia Civil de São Paulo. **Relatório de 'Paquera'**. São Paulo: [*s. n.*], [197-]. Referente a: Onofre Pinto, Maria do Carmo Brito, Marcio Moreira Alves. Disponível em: https://documentosrevelados.com.br /wp-content/uploads/2017/04/relatorio-de-paquera-1.pdf. Acesso em: 22 maio 2022.

SÃO PAULO. Tribunal Regional Federal. **Ação Penal nº 0011580-69.2012.4.03.6181.** Decisão Condenatória. Relator: Juiz Silvio César Arouck Gemaque, 06 de maio de 2021a. Disponível em: https://redir.stf.jus.br/paginadorpub/paginador.jsp?docTP= AC&docID =612960. Acesso em: 21 maio 2022.

SÃO PAULO. Tribunal Regional Federal. **Recurso em sentido estrito nº 5001756-20.2020.4.03.6181/SP**. Recurso. Trata-se de Recurso em Sentido Estrito interposto pelo... Relator: Desembarcador Fausto de Sanctis, 26 de julho de 2021b. Disponível em: https:// redir.stf.jus.br/paginadorpub/paginador.jsp?docTP=AC&docID =612960. Acesso em: 21 maio 2022.

SILVA, Angela Moreira Dominges da. Perspectiva histórica sobre justiça de transição no Brasil: das certidões de "paradeiro ignorado" à criação da Comissão da Verdade. *In*: PIOVESAN, Flávia; SOARES, Inês Virgínia Prado. **Direitos humanos atual.** Rio de Janeiro: Elsevier, 2014.

SILVA, José Afonso da. **Aplicabilidade das normas constitucionais.** 3. ed. São Paulo: Malheiros, 1999.

SILVA, José Afonso da. **Curso de Direito Constitucional Positivo.** 38. ed. São Paulo: Malheiros, 2015.

SILVA FILHO, José Carlos Moreira da. A ambiguidade da anistia no Brasil: memória e esquecimento na transição inacabada. *In*: PIOVESAN, Flávia; SOARES, Inês Virgínia Prado (org.). **Direitos humanos atual.** Rio de Janeiro: Elsevier, 2014.

TAVARES, André Ramos; AGRA, Walber de Moura. Justiça Reparadora no Brasil. *In*: SOARES, Inês Virgínia Prado; KISHI, Sandra Akemi Shimada (coord.). **Memória e verdade**: a justiça de transição no estado democrático brasileiro. Belo Horizonte: Fórum, 2009.

TEITEL, Ruti. Genealogia da Justiça de Transição. *In*: BRASIL. Ministério da Justiça. **Justiça de transição**: manual para América Latina. Nova Iorque: Centro Internacional para a Justiça de Transição, 2011. Coordenação Félix Reátegui.

TEIXEIRA, José Horácio Meireles. **Curso de Direito Constitucional.** Rio de Janeiro: Forense Universitária, 1991.

TORELLY, Marcelo D. **Justiça de transição e estado constitucional de direito**: perspectiva teórico-comparativa e análise do caso brasileiro. Belo Horizonte: Fórum, 2012.

URUEÑA, René. Proteção multinível dos direitos humanos na América Latina? Oportunidades, desafios e riscos proteção multinível dos direitos humanos. *In*: GALINDO, George Rodrigo Bandeira; URUEÑA, PÉREZ, René Aida Torres (coord.). **Proteção multinível dos direitos humanos:** manual. Barcelona: UPF, 2014. Disponível em: https://core.ac.uk/download/pdf/29406417.pdf. Acesso em: 21 jun. 2022.

WEBER, Max. **Economia e sociedade**: fundamentos da sociologia compreensiva. 4. ed. Brasília, DF: Ed. Universidade de Brasília, 2009.

Made in the USA
Middletown, DE
21 October 2024

62664692R00132